O Perfil dos Professores Brasileiros:

o que fazem, o que pensam, o que almejam...

São Paulo, maio de 2004

O Perfil dos Professores Brasileiros:

o que fazem, o que pensam, o que almejam...

UNESCO

Moderna

INSTITUTO PAULO MONTENEGRO
ação do IBOPE pela educação

INEP
Instituto Nacional de Estudos

Ministério da Educação
BRASIL
UM PAÍS DE TODOS
GOVERNO FEDERAL

edições UNESCO **BRASIL**

Assistente Editorial: Rachel Gontijo de Araújo
Revisão: Reinaldo Lima
Diagramação: Fernando Brandão
Projeto Gráfico: Edson Fogaça
Apoio Técnico: Maria Luiza Monteiro Bueno e Silva
Impressão e Acabamento: YANGRAF

Dados Internacionais de Catalogação na Publicação (CIP)
(Câmara Brasileira do Livro, SP, Brasil)

O Perfil dos professores brasileiros : o que fazem, o que pensam, o que almejam — / Pesquisa Nacional Unesco . — São Paulo : Moderna, 2004

1. Professores – Atitudes 2. Professores – Brasil 3. Professores – Brasil – Pesquisa 4. Professores – Condições econômicas 5. Professores – Condições sociais 6. Professores – Satisfação no trabalho I . Pesquisa Nacional Unesco.

04-3073 CDD-371.10072081

Índices para catálogo sistemático:
1. Pesquisa : Professores brasileiros : Educação 371.10072081
2. Professores brasileiros : Pesquisa : Educação 371.10072081

UNESCO

Organização das Nações Unidas para a Educação, a Ciência e a Cultura
Representação no Brasil
SAS, Quadra 5 Bloco H, Lote 6,
Ed. CNPq/IBICT/UNESCO, 9º andar.
70070-914 – Brasília – DF – Brasil
Tel.: (55 61) 2106-3500
Fax: (55 61) 322-4261
E-mail: UHBRZ@unesco.org.br

Moderna

EDITORA MODERNA LTDA.
Rua Padre Adelino, 758 - Belenzinho
São Paulo - SP - Brasil - CEP 03303-904
Vendas e Atendimento: Tel. (0__11) 6090-1500
Fax (0__11) 6090-1501
www.moderna.com.br
2004

EQUIPE RESPONSÁVEL PELA ELABORAÇÃO DO DOCUMENTO FINAL

Eliane Ribeiro Andrade
Universidade Federal do Estado do Rio de Janeiro – UNIRIO/ Convênio UNESCO

Maria Fernanda Rezende Nunes
Universidade Federal do Estado do Rio de Janeiro - UNIRIO/ Convênio UNESCO

Miguel Farah Neto
Universidade Federal do Estado do Rio de Janeiro - UNIRIO/ Convênio UNESCO

Miriam Abramovay
Universidade Católica de Brasília

EQUIPE RESPONSÁVEL PELA VERSÃO PRELIMINAR

Paulo Henrique Ellery Lustosa da Costa
Pesquisador da UNESCO

Fabiano de Sousa Lima
Pesquisador da UNESCO

Yuli Hostensky
Pesquisador

Ana Amélia da Silva
Pesquisadora

APOIO ESTATÍSTICO

Lorena Vilarins dos Santos
Pesquisadora da UNESCO

Márcio Machado Ribeiro
Pesquisador

Diana Barbosa
Pesquisadora da UNESCO

CONSULTORES

Candido Gomes
Professor Titular da Universidade Católica de Brasília

Beatrice Laura Carnielli
Professora Associada da Universidade Católica de Brasília

José Florêncio Rodrigues Jr.
Professor Associado da Universidade Católica de Brasília

Márcia Lopes
Ex-Diretora do Programa de Graduação em Educação da Universidade de Brasília

Vera Maria Nigro de Souza Placco
PUC / São Paulo

Luiza Helena da Silva Christov
UNESP / São Paulo

SUMÁRIO

AGRADECIMENTOS

Aos professores, pela disponibilidade para responder aos questionários, na esperança de que pesquisas desta natureza possam subsidiar a construção de políticas públicas que valorizem a profissão docente e transformem a educação no país.

Ao Representante da UNESCO no Brasil, Dr. Jorge Werthein, pelo seu apoio incansável ao desenvolvimento de pesquisas, projetos, programas e ações que possam contribuir para desnaturalizar as desigualdades e reinventar uma educação mais humana.

Ao Assessor para Políticas Educacionais da UNESCO, Professor Dr. Célio da Cunha, pela confiança e pelo inestimável apoio no desenvolvimento do estudo.

Ao Reitor da Universidade Federal do Estado do Rio de Janeiro - UNIRIO, Professor Dr. Pietro Novellino e ao Decano do Centro de Ciências Humanas da UNIRIO, Professor Dr. Luiz Eduardo Marques da Silva, pelo apoio aos projetos desenvolvidos no âmbito do convênio UNESCO/UNIRIO.

A Maria Inês Bastos, coordenadora do setor de comunicação e informação da UNESCO, pelas contribuições a respeito das novas tecnologias educacionais.

A Maria Ângela de Oliveira Muniz e a Ana Maria Alexandre Leite, do convênio UNESCO/UNIRIO, pela elaboração de resenhas relacionadas ao estudo.

A Lígia Dabul, pela leitura criteriosa e pelas sugestões sobre as práticas culturais dos professores.

A Lorena Vilarins Santos e à Diana Barbosa, pelo companheirismo e pela disponibilidade na realização do trabalho.

A Flávia Santos Porto e a Alenícia de Sousa, da UNESCO pela presteza no atendimento às questões operacionais.

Aos profissionais do IBOPE Opinião Pública, de modo especial a Márcia Cavallari Nunes - Diretora Executiva -, Hélio Gastaldi Filho - Gerente de Planejamento e Atendimento – e Waldemar Montes Neto - Gerente de Operacões de Campo -, pela presteza e eficiência na condução de todo o trabalho de coleta a inserção de dados.

As equipes locais responsáveis pela coleta de dados.

Aos profissionais do Setor de Pesquisa da UNESCO, que têm apostado no exercício de uma produção intelectual coletiva, tornando-a realidade.

PREFÁCIO

Ao longo das duas últimas décadas, a maior parte dos países – tanto da América Latina como de outras regiões do mundo – empreendeu profundos processos de transformações educacionais. O balanço dos resultados destes processos mostra que houve importantes avanços na expansão quantitativa da oferta escolar, em todos os níveis, que se produziram significativas modificações nos estilos de gestão e administração, destinados a conceder maiores níveis de autonomia aos estabelecimentos escolares e maiores níveis de responsabilidade pelos resultados (*accountability*), que foram renovados os conteúdos curriculares, tanto do ponto de vista cognitivo como ético e emocional, e que se avança rapidamente em políticas destinadas a promover a incorporação de novas tecnologias da informação nas escolas.

Contudo, os resultados não são tão satisfatórios quando se observa o desempenho de aprendizagem dos alunos. As medições nacionais e internacionais confirmam que os progressos são muito lentos e que existem desigualdades muito significativas nos resultados de aprendizagem dos alunos de diferentes origens sociais. Embora seja verdade que o êxito da aprendizagem é conseqüência de fatores muito diversos e complexos, é aceitável sustentar que uma das explicações do baixo impacto das reformas nos processos de ensino-aprendizagem tenha sua raiz no "fator docente", entendido como o conjunto de variáveis que definem o desempenho dos mestres, professores e diretores das escolas: condições e modelos de organização do trabalho, formação, carreira, atitudes, representações e valores.

Não é por acaso, portanto, que, nos últimos anos, venha-se percebendo uma forte revalorização do papel e da importância dos docentes, nas estratégias de reforma educacional. A principal lição aprendida nestes anos se refere à necessidade de se desenhar *políticas integrais*, que superem os enfoques unidimensionais tradicionalmente adotados, quando se trata de enfrentar os desafios que a questão docente levanta. Essas políticas integrais abrangem, pelo menos, três grandes dimensões: (i) ações destinadas a melhorar o perfil dos aspirantes ao exercício da profissão docente; (ii) estratégias destinadas a elevar a qualidade da formação inicial dos mestres e professores e a garantir processos contínuos de capacitação em serviço; e (iii) estabelecer pautas da carreira docente, que permitam a ascensão na categoria, sem o abandono da sala de aula. O desenho dessas políticas exige o conhecimento, com muito maior exatidão do que no passado, não só das condições materiais de trabalho e das características da formação docente, como também das representações que os docentes têm de sua profissão, dos processos de reforma e de seus alunos, de suas representações acerca das diversas dimensões do comportamento cidadão e das pautas principais de seus consumos culturais.

Nesse contexto, o IIPE-UNESCO-Buenos Aires promoveu uma série de estudos nacionais sobre o pessoal docente, que contribuem para compreender, com mais pertinência, sua situação e as diversas lógicas de seu comportamento. O componente básico destes estudos é uma pesquisa administrativa, numa amostra representativa de docentes, que indaga sobre todas as questões vinculadas a uma política integral. O estudo sobre os docentes brasileiros, apresentado nesta publicação, constitui um capítulo muito importante neste esforço investigativo. O Brasil é um país onde, nos últimos anos, ocorreu uma expansão muito rápida, tanto de sua matrícula escolar, como de seu corpo docente. Os resultados desta pesquisa permitem a compreensão, com muita clareza, da significativa heterogeneidade dos docentes do país e a complexa variedade de situações que existem, do ponto de vista da subjetividade dos mestres.

Levando em conta as informações oferecidas pela pesquisa, a análise efetuada neste livro, pela equipe de pesquisadores do Escritório da UNESCO em Brasília, permite não só compreender a situação, como também oferecer um conjunto de estratégias de ação, suscetíveis de serem desenvolvidas, seja em nível nacional seja em nível estadual. Confiamos que esta contribuição contribua para enriquecer os debates sobre os problemas educacionais do Brasil e para o desenho das estratégias políticas mais pertinentes para se enfrentar os problemas que os mestres e professores apresentam, pois são eles os atores fundamentais das transformações educacionais destinadas a oferecer uma educação de boa qualidade para todos.

Juan Carlos Tedesco
Diretor do IIPE-UNESCO – Buenos Aires

APRESENTAÇÃO

A publicação que temos o prazer de apresentar é parte do esforço da UNESCO em apoiar o desenvolvimento de estudos e pesquisas que possam subsidiar a construção de políticas públicas na área da educação, particularmente no que se refere aos principais agentes desse processo: os professores.

Desde a Conferência Mundial de Educação para Todos, realizada em Jomtien, Tailândia, no ano de 1990, a UNESCO vem concentrando sua atuação no sentido de cooperar com os governos e a sociedade civil, prestando-lhes auxílio, para que *a educação possa contribuir para conquistar um mundo mais seguro, mais sadio, mais próspero e ambientalmente mais puro e que, ao mesmo tempo, favoreça o progresso social, econômico e cultural, a tolerância e a cooperação internacional.* Isto porque temos plena convicção de que garantir a todos o acesso a uma educação de qualidade deve ser nossa mais alta prioridade, assim como nosso desafio mais nobre e mais urgente.

Nesse contexto, é particularmente importante reconhecer o papel vital dos professores, sem os quais será impossível buscar novos sentidos para a escola e construir pactos e alianças originais, em que esteja presente a dimensão cidadã, o compromisso com a cultura de paz, com a solidariedade, com o respeito às diversidades e com a satisfação das necessidades básicas de aprendizagem.

Analisando o perfil dos professores brasileiros, fica bastante claro que as condições de trabalho e a situação social desses profissionais, elementos decisivos para se prover a educação para todos, devem ser urgentemente melhoradas em todos os países signatários da Recomendação Relativa à Situação do Pessoal Docente OIT/UNESCO (1966). Assim, poderemos produzir as condições educativas que compreendam tanto os instrumentos essenciais para a aprendizagem (como a leitura e a escrita, a expressão oral, o cálculo, a solução de problemas) quanto os conteúdos básicos da aprendizagem (como conhecimentos, habilidades, valores e atitudes), necessários para que os seres humanos possam sobreviver, desenvolver plenamente suas potencialidades, viver e trabalhar com dignidade, participar plenamente do desenvolvimento, melhorar a qualidade de vida, tomar decisões fundamentadas e continuar aprendendo por toda a vida.

O desafio é imenso, mas examinando o perfil aqui apresentado, centrado nos professores brasileiros de ensino fundamental e médio, que mostra quem são esses docentes, como atuam e que percepções trazem sobre o mundo social, sua profissão e seus alunos, encontram-se pistas importantes para ações voltadas ao aprimoramento e à democratização da educação em todos os seus aspectos, lembrando ser esta *um direito fundamental de todos, mulheres e homens, de todas as idades.*

Faz-se necessário reconhecer que a realidade exposta neste trabalho mostra a premência de se adotarem medidas urgentes no sentido da reversão do quadro de desvalorização do professor brasileiro, sob pena de se tornarem inócuas ações que não enxerguem o fato de se viver, hoje, um momento crucial para a definição do caminho que se deseja para a educação no país.

Em suma, o livro oferece informações e abordagens que se pretende sejam somadas a uma série de estudos desenvolvidos na área, tanto no Brasil como em outros países, particularmente ao estudo realizado pelo IIPE/UNESCO na Argentina, no Uruguai e no Peru. Tem como perspectiva, ainda, contribuir com a imensa rede de educadores, universidades, governos, entidades e movimentos da sociedade civil que reconhece ter o professor um papel fundamental na educação de hoje, que se estende para muito além da simples transmissão de conteúdos, tendo a grande responsabilidade de criar um ambiente propício no espaço escolar para a reflexão, a construção do conhecimento e a socialização do saber sistematizado ao longo da história humana e social.

Jorge Werthein
Representante da UNESCO no Brasil

ABSTRACT

"Profile of Teachers in Brazil: What They Do, What They Think, What They Long For..." is a study that has the objective of understanding, within a more systematic frame, the educators of basic and secondary education of schools in urban areas. The research considers social, economic and professional aspects of all school environments by obtaining data through a survey answered by more than 5,000 academic staff members of public and private institutions throughout the Federation's 27 States. The study was adapted in accordance to a research accomplished by the Instituto Internacional de Planeamiento de La Educación – IIPE/UNESCO, in Buenos Aires, which is now dedicated to a comparative study entailing Argentina, Uruguay, Peru and Brazil.

The study questions the tensions around the roles given to schools and teachers in contemporary society, as well as the demands and strategies of these professionals' basic and continued formation, the social context of their daily routines, and even the legislative aspects pertaining to educational policies. The analysis centers on the data that allowed the assessment of characteristics related to sex, age group, family, geographic distribution, family income, self-classification and social mobility, professional occupation, title and license, and features belonging to cultural practices.

In general terms, the study also identified the perceptions and opinions of surveyed teachers on matters of social, political, and above all, educational significance, while considering some fundamental aspects of the National Policy for Education. The teachers' daily routines and their professional perspectives and aspirations are considered side by side with their perceptions on uprising social issues – ethical conduct, youth expressions, discrimination, criminality – which, may directly or indirectly exert some influence over their work.

In the end, the Brazilian teachers here studied make up a universe of contrasts differences, and possibilities, but their answers provide us with the necessary leads to be followed in order to achieve a more democratic public policy. A policy capable of redeeming the dignity of these professionals who are indispensable for the formation of younger generations and for the edification of a more just society.

INTRODUÇÃO

A pesquisa "O Perfil dos Professores Brasileiros: o que fazem, o que pensam, o que almejam..." aborda professores do ensino fundamental e do ensino médio, contemplando algumas de suas características sociais, econômicas e profissionais, a partir de questionários respondidos por 5.000 docentes de escolas públicas e privadas das 27 Unidades da Federação. A pesquisa foi adaptada a partir do estudo realizado pelo Instituto Internacional de Planeamiento de La Educación – IIPE/ UNESCO, em Buenos Aires[1].

Tal estudo mostra-se oportuno, pois, talvez mais intensamente que em qualquer outro momento de sua história, entre a década de 1990 e os primeiros anos do século XXI, a figura do professor da educação básica tem sido colocada em discussão. Esse embate se dá de modo paradoxal: se, por um lado, é no professor que se deposita parte da responsabilidade pela condução do processo de consolidação de novos paradigmas científicos, éticos e culturais, fato que se traduz em exigências cada vez mais complexas quanto a suas competências profissionais, é verdade, também – principalmente nas sociedades mais fortemente marcadas pela exclusão –, que a ele é destinado um lugar socialmente desvalorizado, que lhe confere, tal qual à maioria de seus alunos, condição de excluído (Nóvoa, 1999).

Claro está que o papel do professor se vê em xeque no bojo do próprio questionamento sobre a função da escola nos dias atuais. Do ponto de vista da escola, a sua importância e a dos professores – historicamente vistos como detentores e produtores de conhecimentos – são colocadas em questão, fazendo com que, na condição de instituição social, ela se veja obrigada a repensar seu papel e o dos docentes, em uma perspectiva de reconstrução de sua prática, de sua formação e da forma como lidam

[1] Neste momento o IIPE/UNESCO se dedica à elaboração de um estudo comparativo entre a Argentina, o Uruguai, o Peru e o Brasil, sobre o mesmo tema.

com a produção e a transmissão do conhecimento. Como afirma Libâneo (2003), a sociedade aspira por uma escola capaz de garantir a todos formação cultural e científica para a vida pessoal, profissional e cidadã, propiciando o estabelecimento de uma relação autônoma, crítica e construtiva com a cultura em suas várias manifestações, vislumbrando a formação de cidadãos que tenham participação em todas as esferas da vida social.

Uma tal perspectiva, com a qual, seguramente, concorda uma parcela significativa dos educadores, comporta o reconhecimento das limitações presentes no processo educativo desenvolvido pela escola e, especificamente, os limites impostos ao trabalho do professor. Significa que, ser professor, hoje, redunda na urgência de se reverem posições sobre o que seja educar no momento atual, de modo a contribuir para a formação de cidadãos capazes de construir alternativas e saídas para desafios que lhes são colocados no cotidiano. Implica um maior domínio das informações que circulam em distintos campos, transbordando os aparentes limites das diferentes áreas do conhecimento e a compreensão das relações existentes entre elas. Significa estar comprometido com a permanente construção da escola e de sua dinâmica, compartilhando seu coletivo e compreendendo historicamente o espaço onde atua, seus alunos, o conhecimento que trazem e suas expectativas. Não é pouco, como se observa na opinião de Perrenoud (1999), que, ao discutir a formação de professores em sociedades em processo de mudança, afirma que, ainda que não se configurem como intelectuais, no sentido estrito, são eles, no mínimo, os mediadores e intérpretes ativos das culturas, dos valores e do saber em transformação.

Nesse contexto, o papel do professor, sua formação, competências e carreira constituem temas candentes entre os debates sobre educação, tanto no que concerne aos aspectos políticos, como aos pedagógicos. Muitos desses debates têm dado origem a políticas públicas para a educação, sendo que, com freqüência, têm passado ao largo das várias dificuldades que caracterizam a realidade vivida pela maioria dos professores e das escolas do país.

Pressionados pelos baixos salários, por uma formação precária – freqüentemente desvinculada das condições concretas de vida de seus alunos e do meio em que atuam – e pelo acesso limitado ou inexistente a bens culturais, entre outros problemas, os professores se vêem isolados no enfrentamento da heterogeneidade social, econômica e cultural que, segundo Morin (2000), caracteriza a sala de aula. Ao mesmo tempo, se defrontam com um processo gradativo de perda da identidade e da dignidade profissionais, que, conforme Libâneo (2003), necessitam ser resgatadas.

Aprofundar o conhecimento sobre quem são esses professores constitui condição essencial para que se possam tornar efetivas as iniciativas voltadas à sua valorização e à possibilidade real de que venham corresponder às expectativas neles depositadas, sobretudo em um país como o Brasil, onde a questão da educação reveste-se de absoluta importância e onde a legislação confere à formação do docente caráter fundante da política educacional.

Considerando-se o perfil do professor brasileiro aqui retratado, o momento presente se mostra crucial, no sentido de se adotarem medidas urgentes para reverter o caminho da desvalorização desse profissional, antes que esse processo se torne irreversível. É, portanto, com a perspectiva de contribuir com mais informações e reflexões sobre o docente que atua nas escolas de ensino fundamental e médio do país – suas características socioeconômicas, suas condições profissionais, suas percepções – que a pesquisa se coloca à disposição das diversas instâncias públicas que definem e viabilizam ações que têm o professor como elo fundamental de um processo educativo democrático.

No sentido de tornar acessíveis as questões abordadas e as informações resultantes do estudo, este livro organiza-se em cinco capítulos, antecedidos por um item referente aos procedimentos metodológicos adotados.

O primeiro capítulo, voltado ao marco conceitual da pesquisa, coloca em pauta algumas tensões sobre o papel atribuído à escola e ao professor nos dias atuais, sobre as demandas e estratégias de formação inicial e continuada desse profissional, sobre o contexto social que envolve seu cotidiano e sobre aspectos da legislação referente à política educacional e, conseqüentemente, ao seu trabalho.

O segundo capítulo constrói um perfil dos docentes pesquisados, considerando quatro dimensões: características relacionadas a sexo, faixa etária e família; características relacionadas a distribuição geográfica, renda familiar, autoclassificação e mobilidade social; características relacionadas a atuação profissional, titulação e habilitação e características relacionadas a práticas culturais. Nesse capítulo, contextualizam-se aspectos de cunho individual e social que interferem na identidade profissional dos professores.

O terceiro capítulo aborda percepções e opiniões dos professores estudados a respeito de questões de âmbito social, político e, sobretudo, educacional, considerando alguns aspectos fundamentais da política nacional para a educação, consubstanciada na Lei de Diretrizes e Bases da Educação (Lei nº 9394/96). A realidade de trabalho dos professores e suas perspectivas e aspirações profissionais são colocadas ao lado de suas percepções sobre questões emergentes na sociedade – comportamento ético, expressões juvenis, discriminação, criminalidade – que, direta ou indiretamente, podem exercer influência sobre seu trabalho.

Em seguida são apresentados, sob a forma de um sumário executivo, os principais "achados" da pesquisa, ressaltando aspectos de ordem quantitativa e qualitativa que podem contribuir para o reconhecimento e a sistematização do perfil dos professores estudados.

Finalmente, além de se apresentarem as principais conclusões obtidas por meio da pesquisa, são apresentadas recomendações sobre encaminhamentos possíveis com vistas à valorização do docente brasileiro.

METODOLOGIA

Este estudo visa levantar o perfil dos professores brasileiros do ensino fundamental e médio, em escolas públicas e privadas de área urbana. A pesquisa tem abrangência nacional e o trabalho de campo foi realizado entre os meses de abril e maio de 2002.

Os dados foram levantados por meio de questionários auto-aplicáveis aos professores. Esses instrumentos foram adaptados pela UNESCO, a partir do material produzido pelo IIPE. A aplicação dos questionários foi realizada por uma equipe de entrevistadores do IBOPE, devidamente treinada para a abordagem deste tipo de público. Após o processamento do material, realizou-se a filtragem das questões, para que fosse garantida a consistência da base de dados.

As inferências do trabalho foram feitas em relação ao Brasil em sua totalidade e a outros níveis, como regiões, unidades federativas e dependências administrativas, entre outros.

A amostra para esta pesquisa foi construída de forma a que se possam fazer inferências para o total dos professores brasileiros do ensino fundamental e médio, em escolas urbanas. A seguir, tem-se o detalhamento do desenho amostral.

1. DESCRIÇÃO DA AMOSTRA

O universo da pesquisa é constituído por funções docentes de escolas urbanas municipais, estaduais, federais, das redes pública e privada, do ensino fundamental e médio, localizadas nas 27 Unidades da Federação. Embora a pesquisa tenha por objeto de estudo o professor, a seleção da amostra se deu a partir do cadastro de funções docentes, visto que no cadastro do censo educacional do Instituto

Nacional de Estudos e Pesquisas Educacionais (MEC/INEP) não há dados sobre professores.

O censo educacional do INEP coleta dados de escolas e obtém informações sobre o número de professores atuantes em cada uma delas por série e por modalidade de ensino. Ocorre que um mesmo professor pode lecionar em diferentes séries, em diferentes níveis ou modalidades de ensino e em diferentes escolas. Assim, um mesmo professor pode ser contabilizado mais de uma vez, caso esteja vinculado a mais de um nível de ensino e/ou a mais de uma escola. Por esta razão, o censo educacional utiliza o conceito de funções docentes, em vez do termo "professor". Neste sentido, embora a pesquisa seja aplicada a professores do ensino fundamental e médio das escolas selecionadas, deve-se observar que as estimativas aqui encontradas para o total nacional referem-se a funções docentes. Pode-se, no entanto, considerar que uma análise do perfil nacional das funções docentes representa o perfil mais próximo e fidedigno alcançável do universo docente. Dessa forma, as análises realizadas estarão referenciadas ao professor, embora as estimativas realizadas sejam para funções docentes.

A amostra de 5.000 professores é representativa do total das funções docentes do Brasil, que é de 1.698.383, conforme mostra a Tabela 1.

Do total de professores pesquisados, 82,2% tem atuação na rede pública e 17,8% na rede privada. A expansão da amostra representa o universo de 1.672.907 professores atuando no ensino fundamental e médio das redes pública e privada de ensino[2].

[2] A diferença de 25.476 docentes do total de professores do ensino fundamental e médio do Brasil se refere àqueles que não responderam a este quesito no questionário.

TABELA 1 – Número de professores na população[1], por nível de ensino e dependência administrativa, segundo as Unidades Federativas do Brasil – 2001

Unidades Federativas	Nível de Ensino / Dependência Administrativa										TOTAL GLOBAL
	Ensino Fundamental					Ensino Médio[2]					
	Estadual	Municipal	Federal	Particular	Total - Fund	Estadual	Municipal	Federal	Particular	Total - Médio	
AC	2.934	1.098	27	448	4.507	1.003	18	18	133	1.172	5.679
AL	5.302	8.094	0	2.870	16.266	2.077	283	258	1.642	4.260	20.526
AM	10.831	5.264	55	1.859	18.009	4.345	0	206	601	5.152	23.161
AP	3.014	850	0	348	4.212	999	0	0	172	1.171	5.383
BA	34.672	39.277	108	13.237	87.294	17.273	3.939	445	4.936	26.593	113.887
CE	10.801	25.817	57	11.898	48.573	8.257	134	202	4.165	12.758	61.331
DF	11.822	0	95	3.946	15.863	4.831	0	115	1.697	6.643	22.506
ES	10.225	7.994	0	4.652	22.871	5.073	69	313	2.390	7.845	30.716
GO	22.174	13.768	47	7.377	43.366	10.721	106	129	3.094	14.050	57.416
MA	13.499	19.842	42	4.577	37.960	5.936	1.479	262	2.285	9.962	47.922
MG	83.257	56.833	238	17.028	157.406	36.775	1.451	1.043	10.500	49.769	207.175
MS	10.341	7.178	42	3.221	20.782	3.933	14	46	1.651	5.644	26.426
MT	11.195	7.696	0	2.721	21.612	4.385	93	108	1.331	5.917	27.529
PA	11.630	17.496	219	3.797	33.142	8.805	62	539	1.613	11.019	44.161
PB	11.667	10.397	0	5.322	27.386	4.125	389	283	2.141	6.938	34.324
PE	19.106	19.134	92	14.100	52.432	12.263	1.470	759	4.966	19.458	71.890
PI	12.034	8.925	0	4.437	25.396	4.178	298	274	2.144	6.894	32.290
PR	35.141	30.304	52	9.842	75.339	22.456	0	832	4.741	28.029	103.368
RJ	31.867	55.253	788	34.250	122.158	29.251	684	1.436	16.251	47.622	169.780
RN	9.308	7.662	0	4.090	21.060	3.909	424	182	1.620	6.135	27.195
RO	5.494	1.751	0	1.236	8.481	1.546	13	0	465	2.024	10.505
RR	2.156	237	0	121	2.514	629	0	46	22	697	3.211
RS	40.924	29.135	179	10.371	80.609	20.083	378	442	7.292	28.195	108.804
SC	19.252	14.548	89	5.666	39.555	11.078	99	412	3.735	15.324	54.879
SE	6.122	4.086	26	2.459	12.693	2.140	124	75	923	3.262	15.955
SP	132.996	62.948	8	53.710	249.662	78.604	1.078	221	30.881	110.784	360.446
TO	5.770	2.728	0	711	9.209	2.476	0	0	233	2.709	11.918
Brasil	573.534	458.315	2.214	224.294	1.258.357	307.151	12.605	8.646	111.624	440.026	1.698.383

Fonte: MEC/INEP/SEEC, Censo Escolar, 2001.
Nota: (1) O mesmo docente pode atuar em mais de um nível de ensino e em mais de um estabelecimento. (2) Nos dados referentes ao Ensino Médio estão inclusos os do Curso Normal.

TABELA 2 – Proporção e número absoluto de professores pesquisados, por dependência administrativa das escolas[1] – 2002

Dependência administrativa	Freqüência	Proporção (%)
Pública	1375351	82,2
Privada	297557	17,8
Total	1672907	100,0

Fonte: UNESCO, Pesquisa de Professores, 2002.
Notas: Foi perguntado aos professores: *A escola em que o(a) sr.(a) trabalha é:*
(1) Dados expandidos.

O corte amostral excluiu municípios com até três escolas e escolas com até sete
professores do universo da pesquisa.

O instrumento de coleta de dados desta pesquisa apresentava informações relativas a:

- Dados da escola;
- Dados pessoais;
- Aspectos gerais;
- Opinião sobre a educação;
- Atividades culturais e uso do tempo livre.

O questionário continha questões fechadas de múltipla e de única escolha, e algumas questões abertas.

2. PLANO AMOSTRAL

O delineamento amostral utilizado foi o de amostragem aleatória estratificada, com seleção de conglomerados em dois estágios. Essa técnica minimiza o custo de locomoção e coleta de dados e supera a dificuldade enfrentada pela não-existência de um cadastro único dos professores das escolas do Brasil. A estratificação da amostra contemplou região, unidade federativa, nível de ensino e dependência administrativa da escola.

As unidades amostrais selecionadas no primeiro estágio foram os municípios e, no segundo, as escolas. O critério de seleção adotado foi a probabilidade proporcional ao tamanho do conglomerado, isto é, quanto maior o conglomerado, maior foi a chance de ele ser sorteado para a composição da amostra. Para mensurar tal probabilidade, tomou-se por medida quantitativa o número de professores existentes nos municípios e nas escolas.

Cada função docente da população em estudo teve a mesma probabilidade de ser sorteada para a amostra, o que a caracteriza como equiprobabilística ou autoponderada. Essa característica indica um fator único a ser aplicado na amostra para que seja diretamente expandida para o universo.

O número ótimo do tamanho de escolas a serem pesquisadas foi de 625. Elas foram alocadas proporcionalmente ao número de professores existentes em cada Unidade da Federação. Fixou-se o número de 8 professores a serem pesquisados por escola, totalizando um quantitativo de 5.000 docentes na pesquisa. Eles foram selecionados de forma sistemática, a partir da obtenção do cadastro de professores das escolas selecionadas. A substituição dos docentes ocorreu nos casos de recusa em responder ao questionário, por motivo de licença ou doença.

A margem de erro máxima estimada é de 1,4 ponto percentual nos resultados obtidos para o total da amostra. Quanto ao nível de confiança, adotou-se um quantitativo de 95%.

Os resultados que caracterizam o perfil dos professores lotados nas escolas de ensino fundamental e médio foram apresentados em tabelas univariadas e bivariadas, com freqüências relativas.

1. O PROFESSOR NO SÉCULO XXI: EXIGÊNCIAS E DESAFIOS

1.1 DIMENSÕES E CONFLITOS

Ao buscar trazer novas informações sobre quem são os professores brasileiros que atuam, hoje, no ensino fundamental e no ensino médio, este estudo toca, necessariamente, em um tema que, já há algum tempo, ocupa boa parte do debate corrente na educação: o papel atribuído à escola e ao professor nos dias atuais.

Nóvoa (1991) aborda a gênese e o desenvolvimento da profissão docente em sua relação com a gênese e o desenvolvimento da instituição escolar. Nessa direção, a trajetória dos sistemas de ensino e da escola e o papel do professor tendem a sofrer significativas transformações nos momentos de transição das sociedades, provocadas pelos modelos culturais, sociais e econômicos vigentes em cada época. Conforme o autor, a história da profissão docente lida com uma série de mudanças e, hoje, ganha novos contornos, a partir de amplo debate em torno da necessidade de redefinição da função educativa – quem são os alunos, quem são os professores, qual o papel da escola, o que ensinar etc.

Na mesma linha de reflexão, constata-se que renovar a escola, transformá-la ou reinventá-la têm sido preocupações de todos aqueles que, direta ou indiretamente, trabalham com ela. Por mais diversas que sejam as propostas surgidas nesse sentido, a necessidade de mudar é quase unânime. Por certo, a escola que se conhece parece não mais responder aos novos tempos. As limitações dos currículos existentes, as competências necessárias à formação profissional, entre outros temas, fazem parte das preocupações de pesquisadores do mundo inteiro.

Libâneo (2003) aponta o fato de que os educadores reconhecem o impacto das transformações que, presentemente, se operam nos campos econômico, político, social e cultural sobre a educação e o ensino, produzindo um movimento de reavaliação do papel da escola e dos docentes. Tal movimento, segundo ele, não enfraquece, no entanto, a característica que tem a escola de se constituir como *instituição necessária à democratização da sociedade*. Na escola se deposita a responsabilidade pela formação de cidadãos participantes, capazes de fazer uma leitura crítica das transformações que ocorrem em escala planetária.

A esse respeito, Candau (2000), refletindo sobre as escolas brasileiras, adverte que as salas de aula, onde, em princípio, se ensina e se aprende, deveriam ser espaços voltados ao trabalho com o conhecimento sistematizado, à construção de significados, ao reforço, ao questionamento e à construção de interesses sociais, formas de poder e de vivências marcadas por uma dimensão antropológica, política e cultural.

Libâneo (2003: 8-9) lembra, ainda, que tal perspectiva, necessariamente, implica oferecer aos alunos *uma formação geral sólida, capaz de ajudá-los na sua capacidade de pensar cientificamente, de colocar cientificamente os problemas humanos*, além de contribuir para a construção de *uma nova postura ético-valorativa de recolocar valores humanos fundamentais (...), como suportes de convicções democráticas*. Assinala o autor: *(...) a escola tem um grande papel no fortalecimento da sociedade civil, das entidades, das organizações e movimentos sociais. Ora, tudo o que esperamos da escola para os alunos são, também, exigências colocadas aos professores.*

Essa reflexão sintetiza a discussão sobre o que é ser professor hoje ou, melhor dizendo, sobre o que se espera dele. O fato de existir um desconforto em relação ao seu papel profissional é abordado por Ricci (1999), a partir de análises de Esteve (1995) a respeito do mal-estar vivido pelos docentes europeus no final do século XX, gerado por fatores como:

> *(a) aumento de exigências em relação ao professor*: é cada vez maior o número de responsabilidades. Além do domínio da disciplina, pede-se que ele seja pedagogo, organizador de grupo, que cuide do equilíbrio psicológico e

afetivo dos alunos, da integração social, da educação sexual, e assim por diante. Tal aumento de exigência não seria acompanhado, segundo o autor, pela alteração na formação do professor;

(b) inibição educativa de outros agentes de socialização: a família, em virtude da incorporação da mulher no trabalho e da redução do número de seus membros e horas de convívio, vai delegando à escola maior responsabilidade no que diz respeito a um conjunto de valores básicos;

(c) desenvolvimento de fontes de informação alternativas: os meios de comunicação alteram o papel transmissor do professor, obrigando-o a integrar tais meios à aula;

(d) ruptura do consenso social sobre educação: atualmente, segundo Esteve, a sociedade encontra-se perante uma socialização divergente: uma sociedade pluralista que defende modelos de educação opostos e a aceitação de conteúdos multiculturais;

(e) modificação do apoio da sociedade ao sistema educativo: os pais sentem-se desamparados em relação ao futuro dos filhos, em especial, em virtude do aumento das taxas de desemprego. Percebem que a educação não gera automaticamente maior igualdade social, abandonando a idéia de ensino como promessa de um futuro promissor. Por outro lado, a emergência de uma sociedade voltada para o prazer individual (o que Lipovetsky denomina de *personalização social*) acaba por gerar uma defesa incondicional dos alunos, sejam quais forem o conflito e a razão que assistem ao professor;

(f) menor valorização social do professor: como o *status* social é estabelecido em termos exclusivamente econômicos, a função de docente passa a ser desconsiderada ou relativizada;

(g) mudança dos conteúdos curriculares: a velocidade da criação e da socialização de informações gera uma permanente insegurança a respeito da atualidade do conhecimento à disposição do professor. O autor questiona-se: o que pode ser considerado um conhecimento útil aos alunos?

(h) escassez de recursos materiais: o autor cita a redução de recursos públicos destinados à educação na Europa: 2,2% do PIB na Grécia, 3,3% na Espanha, 4,2% em Portugal (a média nos países desenvolvidos é de 6%);

(i) mudanças na relação professor/aluno: o autor destaca a impunidade crescente dos alunos. Cita, como ilustração, o número de agressões sofridas por professores, em 1979, nos Estados Unidos: 113 mil, envolvendo 5% do total de docentes do ensino público;

(j) fragmentação do trabalho do professor: finalmente, destaca o acúmulo de tarefas, envolvendo administração, programação, avaliação, reciclagem, orientação aos alunos, atendimento aos pais, participação em seminários e reuniões de coordenação. (Ricci, 1999: 164-166).

Ainda sobre as transformações na profissão docente, Gatti (1996), referindo-se aos países em desenvolvimento, afirma que as profundas transformações por que passa a profissão, hoje, associam-se ao efeito conjugado de diversos fatores: por um lado, o crescimento do número de alunos e sua heterogeneidade sociocultural, a demanda de uma certa qualidade da escolarização pela população e o impacto de novas formas metodológicas de tratar os conhecimentos e o ensino; por outro, a ausência de uma priorização político-econômica concreta da educação básica e o caráter hierárquico e burocrático, muitas vezes centralizador e pouco operante, das estruturas responsáveis pelos sistemas educacionais.

Certamente, a discussão sobre as expectativas criadas em torno do professor traz à tona a distância entre o discurso acerca de seu papel e o tratamento a ele concedido, tanto pelos estudiosos quanto pelas políticas a ele destinadas.

Nóvoa (1999), ao abordar a situação do professor na atualidade, critica o modo como sociedades marcadas por crises de legitimidade política e por limitada participação tentam compensar a falta de uma autêntica vivência democrática e o presente difícil a partir da pregação do civismo e da projeção de todas as expectativas na "sociedade do futuro" e depositam nos professores o papel "salvador" necessário à consecução desses propósitos. Segundo o autor, passam a ser os docentes o alvo das atenções dos políticos e da opinião pública, na medida em que não dispõem de outras alternativas para os problemas: *A inflação retórica tem um efeito desresponsabilizador: o verbo substitui a ação e conforta-nos no sentimento de que estamos a tentar fazer alguma coisa* (idem: 13).

Analisando a questão, o autor conclui que o final do século XX não trouxe à luz propostas coerentes sobre a profissão docente, acentuando, isto sim, as ambigüidades. Se, sob um ângulo, os professores são vistos com desconfiança e como profissionais medíocres, dotados de uma formação deficiente, sob outro, *são bombardeados com uma retórica cada vez mais abundante que os considera elementos essenciais para a melhoria da qualidade do ensino e para o progresso social e cultural* (ibidem: 12-13).

Em outra reflexão sobre o tema, Nóvoa (1995) destaca o fato de, na década de 1990, em relação aos professores, terem se ampliado diversos processos de cunho excludente, *no quadro de uma redefinição que tende a modificar as funções sociais e os papéis profissionais que lhes estavam tradicionalmente atribuídos* (ibidem: 7).

Vale, aqui, atentar ao fato de que Bourdieu (1998) enquadra os educadores, docentes e professores primários[3], juntamente com os assistentes sociais e os magistrados, entre outros, na categoria dos "trabalhadores sociais", aqueles a quem o autor vê mergulhados nas contradições do mundo social, estando cotidianamente à frente do que ele chama de "sofrimento social", que se expressa através de inúmeros dramas pessoais. Bourdieu também alerta para a condição de desprestígio do professor, que pode ser avaliada de acordo com o baixo valor dos seus salários: *O desprezo por uma função se traduz, primeiro, na remuneração mais ou menos irrisória que lhe é atribuída. O salário é um sinal inequívoco do valor atribuído ao trabalho e aos trabalhadores* (1998: 11).

A questão da exclusão do professor, já anunciada em trabalhos que tratam do denominado processo de "pauperização" da categoria (APPLE 1987; ENGUITA, 1991; PUCCI, OLIVEIRA e SGUISSARDI, 1991) aparece, sob ângulo distinto, em Camargo (2004), ao referir-se ao estado de "abandono" em que se encontra esse profissional no enfrentamento de uma realidade social muitas vezes marcada pela desigualdade, com a qual lida em seu cotidiano e da qual, é importante ressaltar, compartilha: *Freqüentemente, o educador se sente perdido e jogado à própria sorte, tendo que encontrar, por sua conta e risco, as saídas possíveis.*

A autora atenta, ainda, ao fato de a autoridade do educador, anteriormente legitimada pela sociedade e pela família e relacionada não apenas ao conhecimento de que era portador, mas à situação sociocultural diferenciada em que se encontrava em relação ao aluno, já não ter a expressão de outros tempos. Camargo destaca que o

3 Na França, o professor primário é aquele dedicado às quatro primeiras séries do Ensino Fundamental.

professor não era, em nada, igual ao aluno, diferenciando-se dele pela postura assumida, pelas experiências acumuladas, pelo padrão e pela diversidade das referências culturais de que dispunha e pela linguagem que utilizava. Hoje, freqüentemente, confunde-se com o aluno, compartilhando com ele as mesmas condições sociais, econômicas e culturais: *O modelo que deveria ser oferecido pelo educador, diferenciado dos usuais, com os quais os alunos estão familiarizados e que já não lhes ensinam mais nada, deixou de existir.*

A desmotivação e os cada vez mais elevados níveis de evasão registrados entre os docentes, no caso do Brasil, parecem refletir as observações de Camargo, conforme demonstram pesquisas de Lapo e Bueno (2002), que apontam para o fato de que o grau de satisfação ou de insatisfação com o trabalho docente pode estar diretamente relacionado aos resultados – bons ou ruins – de sua própria atuação como mediador no processo ensino-aprendizagem, em uma dinâmica de rápidas e profundas transformações, cujo reflexo não consegue traduzir em seu trabalho: *podemos perguntar se os professores não perderam ou não estariam perdendo referências culturais que estariam gerando desajustamentos, a tal ponto de provocar a evasão da profissão docente* (idem: 250). Para as autoras, o enfraquecimento dos vínculos com a profissão é produto da ação conjunta de vários fatores geradores de dificuldades e insatisfações, acumulados ao longo do tempo. Fazendo parte de uma sociedade que se transforma com velocidade extrema e que impõe constantes mudanças e adaptações, os professores se sentem insatisfeitos ao não dar conta das exigências que lhes são feitas no campo profissional, seja pela sobrecarga de trabalho, pela dificuldade de apoio dos pais dos alunos, pelo sentimento de inutilidade em relação ao trabalho que realizam, pela concorrência com outros meios de transmissão de informação e cultura e, certamente, pelos baixos salários.

Nesse quadro, entretanto, em que se encontram social, econômica e culturalmente desvalorizados e sem acesso a boas condições de formação profissional, um fato chama a atenção: os professores, paradoxalmente, não deixaram de protagonizar papel de destaque na sociedade, perceptível, por exemplo, em alguns setores de expressiva importância. Conforme estudo de Rodrigues (2002), está ocorrendo, hoje, no Brasil, uma ampliação gradativa do número de docentes no Congresso Nacional.

Segundo o autor, eles ocupam espaço significativo nas bancadas de todos os partidos, em um movimento inverso ao de outras categorias.

1.2 DILEMAS NO PROCESSO DE FORMAÇÃO DO PROFESSOR

Ao situar a posição que ocupa o professor no contexto de mudanças que caracteriza o momento atual, Libâneo chama a atenção para o fato de que as universidades e os cursos de formação para o magistério devem estar voltados à formação de *um professor capaz de ajustar sua didática às novas realidades da sociedade, do conhecimento, do aluno, dos diversos universos culturais, dos meios de comunicação.* Para o autor, o novo professor, minimamente, necessitaria:

> (...) de uma cultura geral mais ampliada, capacidade de aprender a aprender, competência para saber agir na sala de aula, habilidades comunicativas, domínio da linguagem informacional, saber usar meios de comunicação e articular as aulas com as mídias e multimídias (LIBÂNEO, 2003: 10).

A recuperação de sua dignidade e da credibilidade do ofício passaria por uma reconfiguração de sua identidade *profissional*, envolvendo o fortalecimento de suas lutas por melhores salários e condições dignas de trabalho, destacando-se uma formação de qualidade.

A questão da formação, por certo, constitui-se como um dos pontos cruciais da requalificação do educador. Nóvoa (2004), advogando uma perspectiva de formação que pressupõe considerar o professor como "pessoa inteira", com uma história, uma vivência, afirma que *a formação é um ciclo que abrange a experiência do docente como aluno (educação de base), como aluno-mestre (graduação), como estagiário (práticas de supervisão), como iniciante (primeiros anos da profissão) e como titular (formação continuada).* Para o autor, o desafio que se delineia para o profissional da área escolar é o de manter-se atualizado sobre as novas metodologias de ensino e desenvolver práticas pedagógicas eficientes. A esse respeito, chama a atenção para a dificuldade que tem o professor para corresponder ao que lhe é imposto: *A busca isolada pela atualização é difícil e, por isso, é aconselhável um vínculo com uma instituição. Mas o mais importante é entender que o local de trabalho é o espaço ideal para a formação continuada.*

A concordância sobre a necessidade de se investir em um novo perfil do professor, dotado de competências compatíveis com as exigências que a sociedade atual vem estabelecendo, se projeta no debate que atravessa as diferentes esferas. Constituem marcos importantes dois documentos balizadores das ações da UNESCO. O primeiro deles é de autoria de Morin (2000) – "Os sete saberes necessários à educação do futuro" – e, como sugere seu título, situa sete condições necessárias ao professor para a construção da educação do futuro, quais sejam: analisar as condições psíquicas e culturais que conduzem ao erro e à ilusão; situar informações em um contexto e um conjunto/estabelecer relações entre as partes e o todo; colocar a condição humana como centro de todo ensino; compreender que todos os seres humanos compartilham de um destino comum, diante dos problemas planetários; construir educação para a compreensão; estabelecer relação de controle entre indivíduo e sociedade pela democracia e pela concepção de humanidade como comunidade planetária; enfrentar imprevistos e incertezas.

O segundo documento, de autoria de Delors (1998) – "Educação: um tesouro a descobrir" –, aponta como pilares para a educação no milênio recém-iniciado as seguintes condições: aprender a conhecer, adquirir os instrumentos da compreensão; aprender a fazer, agir no ambiente; aprender a conviver, participar e cooperar; aprender a ser, via essencial que integra os três pilares precedentes.

Os fundamentos presentes nestes dois documentos têm constituído referenciais não apenas nos processos de reorientação curricular correntes em diversos países, mas igualmente em propostas e ações de formação docente.

No Brasil, como pontua Silke Weber (2000), a propósito da situação brasileira, a questão da formação de professores retoma lugar de importância *a partir do momento em que se impõe, no debate educacional, a discussão sobre a qualidade do ensino ministrado nos diferentes níveis e modalidades, como desdobramento da luta em favor da construção da cidadania e da democracia* (idem: 129).

No plano da formação de professores, temos a formação inicial que acontece nos cursos de magistério ou superior e a formação continuada, desenvolvida ao longo da trajetória profissional do docente. A formação inicial é apenas um componente de uma estratégia mais ampla de profissionalização do professor, indispensável para implementar uma política de melhoria da educação básica. Entretanto, dos que ingressam em cursos iniciais de formação de professores, a grande maioria não se interessa em ser professor, conforme alerta Mello (2000: 100):

> O único aspirante ao magistério que ingressa no ensino superior com opção clara pelo ofício de ensinar é o aluno dos cursos de magistério de primeira a quarta série do ensino fundamental. A esse, na maior parte dos cursos, não é oferecida a oportunidade de seguir aprendendo os conteúdos ou objetos de ensino que deverá ensinar no futuro. Aprende-se a prática do ensino, mas não sua substância. Os demais ingressam no ensino superior de formação de professores com a expectativa de serem biólogos, geógrafos, matemáticos, lingüistas, historiadores ou literatos, dificilmente professores de biologia, de geografia, de línguas ou de literatura. Os cursos de graduação são ministrados num contexto institucional distante da preocupação com a educação básica, que não facilita nem mesmo a convivência com pessoas e instituições que conhecem a problemática desta última. Os professores formadores que atuam nesses cursos, quando estão em instituições de qualidade, são mais preocupados com suas investigações do que com o ensino em geral, e menos interessados ainda no ensino da educação básica.

No âmbito da "formação continuada", existem críticas contundentes aos modelos tradicionais que imperam nos processos de formação em serviço. Freitas (2002) destaca que as políticas atuais têm reforçado a concepção pragmatista e conteudista da formação de professores. Para Gatti (2003: 192):

> Trabalhos sobre formação em serviço ou continuada e desempenho de professores têm analisado as dificuldades de mudança nas concepções e práticas educacionais desses profissionais em seu cotidiano escolar. Em geral os mentores e implementadores de programas ou cursos de formação continuada, que visam a mudanças em cognições e práticas, têm a concepção de que, oferecendo informações, conteúdos, trabalhando a racionalidade dos profissionais, produzirão a partir do domínio de novos conhecimentos mudanças em posturas e formas de agir.

Desvendar, no atual contexto, sentidos da formação, requer observar a sintonia desses planos em relação às necessidades da escola hoje. Tal análise requer, ainda, compreender que os paradigmas de formação não são construções neutras, nem desvinculadas da realidade social em que se vive, cenário, portanto, a ser considerado quando se procura refletir sobre a formação dos docentes brasileiros.

Os desafios na área de formação dos professores são muitos. Os processos formativos não se dão no abstrato, porque estão destinados a profissionais que, como os demais trabalhadores, têm tido suas condições concretas de existência acentuadamente deterioradas. Assim, é nessa realidade social que a formação se desenvolve e é na sua complexidade e nas suas contradições que atuam as escolas.

1.3 O PROFESSOR DO ENSINO FUNDAMENTAL E MÉDIO DE ACORDO COM A LEGISLAÇÃO BRASILEIRA

O Brasil é ainda um país que não alcançou sua "cidadania educacional" (Cury, 2000). Segundo o Censo Demográfico de 2000, do Instituto Brasileiro de Geografia e Estatística – IBGE (2000: 63):

> Um ponto central é a evidente falta de eficiência e efetividade do sistema educacional, no sentido de garantir o acesso e a permanência do estudante na escola, na medida em que os resultados mostram, entre outras coisas: a existência de 24 milhões de brasileiros analfabetos (16%); que menos de 1/4 da população brasileira estuda; que 44% da população só concluiu até a 3ª série do ensino fundamental; que quase 1/3 da população da área rural não teve acesso à educação; que 1/4 da população rural não tem escolaridade ou quando a tem não ultrapassa a 1 ano de estudo; que grande parte da população só conseguiu concluir, apenas, alguma das séries do ensino fundamental; que o número de não-alfabetizados tende a se ampliar na medida em que a faixa etária aumenta; a pequena participação da rede pública na oferta de vagas nos cursos de graduação; que somente pouco mais de 3% da população possui cursos de nível superior concluído; a existência de um significativo contingente de crianças, jovens e adultos com defasagem idade-série; que 6% das crianças de 7 a 14 anos não estão ou nunca estiveram estudando; a existência de mais de 3 milhões de pessoas sem alfabetização, na faixa etária de escolaridade obrigatória. Agregue-se a esse quadro perverso: as significativas diferenças

educacionais encontradas entre as raças; a importante diferença de desempenho entre as áreas rurais e urbanas; a alta dispersão dos estudantes que gera grande discrepância interna nos resultados de muitos grupos etários, indicando a reprodução das diferenças sociais na escolarização brasileira e, finalmente, o baixo rendimento nominal mensal per capita da grande maioria dos estudantes brasileiros.

No âmbito da legislação, também se vivencia uma prática de discriminação e de privilégio. Segundo Cury (2000: 574), a ampliação do acesso e da oferta foi garantida por um corpo docente que sofreu o ônus de, por um lado, *financiar a expansão com o rebaixamento de seus salários e a duplicação ou triplicação da jornada de trabalho* e, por outro, ver reduzidas as chances de ingresso no trabalho por concursos, devido à necessidade de contratação de novos profissionais, estando submetido à prática dos contratos precários, existentes em elevado número ainda nos dias atuais. A Constituição de 1988 traz importantes avanços para a educação brasileira, estende os deveres do Estado com a educação pública e gratuita, em todos os níveis de ensino. No seu Artigo 208, estabelece que o dever do Estado com a educação será efetivado mediante a garantia de:

> I – ensino fundamental, obrigatório e gratuito, inclusive para os que a ele não tiveram acesso na idade própria; II – progressiva extensão da obrigatoriedade e gratuidade ao ensino médio; III – atendimento educacional especializado aos portadores de deficiência, preferencialmente na rede regular de ensino; IV – atendimento em creche e pré-escola às crianças de zero a seis anos de idade; V – acesso aos níveis mais elevados do ensino, da pesquisa e da criação artística, segundo a capacidade de cada um; VI – oferta de ensino noturno regular, adequado às condições do educando; VII – atendimento ao educando, no ensino fundamental, através de programas suplementares de material didático-escolar, transporte, alimentação e assistência à saúde.

Do ponto de vista da legislação, as questões que envolvem a escola e o professor, no Brasil, vêm sendo alvo de intensas mudanças, como reflexo e resposta às demandas criadas pelo processo de globalização econômica cada vez mais forte durante as décadas de 1980 e 1990. A democratização do acesso e a melhoria da qualidade da educação básica se processam em um contexto no qual se ampliam o fortalecimento dos direitos da cidadania e a disseminação das tecnologias da informação, fatores de reconhecimento da importância da educação nas políticas públicas.

Assim, nos últimos vinte anos, os sistemas de ensino público e privado vêm experimentando processos de reforma educacional, no âmbito dos estados, dos municípios e, mesmo, das unidades escolares. Vários tipos de ação, algumas mais abrangentes, outras mais específicas, no sentido do atingimento dos vários componentes do processo educativo, têm sido registrados.

A questão da formação de professores ganha importância a partir da discussão sobre a qualidade do ensino ministrado nos diferentes níveis e modalidades, como desdobramento da luta em favor da construção da cidadania e da democracia. Uma referência importante dessa discussão pode ser localizada no Artigo 206 da Constituição, o qual, sintetizando o estado-da-arte da mobilização social que acompanhou a elaboração da Carta Magna, em 1988, apresenta a garantia de padrão de qualidade como um dos princípios da educação nacional (SILKE WEBER, 2000).

A Lei nº 9.394/96, a nova Lei de Diretrizes e Bases da Educação Nacional (LDB) produzida ao longo dos oito anos posteriores à promulgação da referida Constituição, incorporou debates e demandas correntes naquele período e consubstanciou as bases da reforma educacional que se sucedeu, cujos impactos ainda se fazem sentir, em diferentes campos.

Caracterizando-se pela maior flexibilidade e autonomia nas relações entre os entes da federação na gestão da educação, a nova LDB preconiza um processo de descentralização das propostas político-pedagógicas e da administração dos recursos financeiros, reforçando o papel das secretarias estaduais e municipais de educação. Ao mesmo tempo, referenda áreas tradicionalmente excluídas das políticas regulares, como a educação infantil, a educação de jovens e adultos, a educação indígena e a educação especial, além de promover a prescrição de novos parâmetros curriculares, onde a cidadania é colocada como referência fundamental, e a visão conteudista dá lugar à valorização da produção da aprendizagem e da construção de competências nos alunos.

Nesse contexto, a instituição da Lei nº 92/96, que cria o FUNDEF – Fundo de Manutenção e Desenvolvimento do Ensino Fundamental e de Valorização do Magistério – cuja maior inovação consiste na mudança da estrutura de financiamento do Ensino Fundamental, ao subvincular a esse nível de ensino uma parcela dos recursos constitucionalmente destinados à Educação[4] – constitui-se em uma das medidas de maior repercussão, significando a possibilidade de alguma melhoria nos ganhos dos professores daquele segmento.

Entretanto, Barelli (apud SILKE WEBER, 2000) demonstra ser a desvalorização social a principal característica dos professores, expressa pela baixa auto-estima, decorrente das precárias condições de trabalho e dos baixos salários a que ainda têm sido expostos.

No âmbito das políticas nacionais, a Resolução do CNE/CP nº 1, de 18 de fevereiro de 2002[5], instituiu as Diretrizes Curriculares Nacionais para a Formação de Professores da Educação Básica, em nível superior, curso de licenciatura, de graduação plena.

O Artigo 2º desta resolução apresenta como orientação para o preparo do professor, os seguintes compromissos:

> (I) – o ensino visando à aprendizagem do aluno; (II) – o acolhimento e o trato da diversidade; (III) – o exercício de atividades de enriquecimento cultural; (IV) – o aprimoramento em práticas investigativas; (V) – a elaboração e a execução de projetos de desenvolvimento dos conteúdos curriculares; (VI) – o uso de tecnologias da informação e da comunicação e de metodologias, estratégias e materiais de apoio inovadores; (VII) – o desenvolvimento de hábitos de colaboração e de trabalho em equipe.

No Artigo 6º da mesma resolução, são indicados como competências a serem consideradas para a construção do projeto pedagógico dos cursos de formação dos docentes aquelas referentes:

---

4 Com o FUNDEF, implantado em 1998, destinou-se cerca de 1,5% do PIB brasileiro ao ensino fundamental público. São recursos vinculados à Educação, por força do disposto no artigo 212 da Constituição Federal, transferidos regular e automaticamente aos governos estaduais e municipais, com base no número de alunos matriculados em cada uma de suas redes de ensino.

5 CNE. Resolução CNE/CP 1/2002. Diário Oficial da União, Brasília, 9 de abril de 2002. Seção 1, p. 31. Republicada por ter saído com incorreção no original no D.O.U. de 4 de março de 2002. Seção 1, p. 8.

> (I) – ao comprometimento com os valores inspiradores da sociedade democrática; (II) – à compreensão do papel social da escola; (III) – ao domínio dos conteúdos a serem socializados, aos seus significados em diferentes contextos e sua articulação interdisciplinar; (IV) – ao domínio do conhecimento pedagógico; (V) – ao conhecimento de processos de investigação que possibilitem o aperfeiçoamento da prática pedagógica; (VI) – ao gerenciamento do próprio desenvolvimento profissional.

Essa resolução postula também que a definição dos conhecimentos exigidos para a constituição de competências deverá, além da formação específica relacionada às diferentes etapas da educação básica, propiciar a inserção no debate contemporâneo mais amplo. O debate deve envolver questões culturais, sociais, econômicas e os conhecimentos sobre o desenvolvimento humano e a própria docência, contemplando: cultura geral e profissional; conhecimentos sobre crianças, adolescentes, jovens e adultos, aí incluídas as especificidades dos alunos com necessidades educacionais especiais e as das comunidades indígenas; conhecimento sobre dimensão cultural, social, política e econômica da educação; conteúdos das áreas de conhecimento que serão objeto de ensino; conhecimento pedagógico; e conhecimento advindo da experiência.

No plano da formação de professores, o então ministro da Educação, Cristovam Buarque, homologou a decisão da Câmara de Educação Básica do Conselho Nacional de Educação que põe fim à polêmica sobre a exigência de curso superior para os professores de Educação Infantil e das primeiras quatro séries do ensino fundamental. A resolução do CNE deixa claro que, mesmo depois de 2006, será permitido o exercício da docência neste nível de ensino aos professores com nível médio na modalidade Normal, inclusive para ingresso na carreira.

Como se pode observar, a formação de professores tem confrontado instâncias governamentais, legisladores e especialistas na tarefa preparadora de quadros docentes, como aponta Silke Weber (2000). A autora exemplifica o embate a partir do amplo movimento em torno dos Parâmetros Curriculares Nacionais, concebidos num modelo espelhado na produção acadêmica internacional, em detrimento da produção nacional, ainda que vários especialistas tenham sido chamados para formular pareceres sobre a matéria.

A necessidade de definir diretrizes curriculares para o ensino fundamental e médio trouxe mais uma vez à tona o debate em torno da formação inicial e continuada de professores (aí incluídos os professores leigos), quando programas governamentais de curta e média duração (Parâmetros em Ação, Projeto Alvorada, TV Escola, entre outros) são ofertados pelo Ministério da Educação às secretarias municipais e estaduais de educação para o desenvolvimento dos profissionais da educação.

Vale ressaltar que, como produto dessa discussão, torna-se evidente que o reconhecimento da qualidade como princípio constitucional e como diretriz de política educacional:

> (...) não somente fortalece a concepção de que a ação educativa, na qualidade de prática especificamente pedagógica, cumpre uma função política, mas sobretudo resgata a atuação dos agentes da disseminação de conhecimentos, tecnologia, arte, cultura como processos históricos apresentados segundo óticas próprias; de produção do saber para os alunos, estimulando o desenvolvimento de posturas ativas perante o aprendido e o aprender, de sentimentos de cooperação e de solidariedade ou de competição na convivência social; de envolvimento crítico no mundo da vida e nas esferas de trabalho, da política, da cultura (SILKE WEBER, 2000: 140).

Conforme o exposto, as idéias e as ações dirigidas para a formação dos professores ainda não incorporaram parte importante da produção científica, elaborada nos últimos anos. Conseqüentemente, há ainda um percurso a cumprir para a transformação do debate em medidas concretas, que possibilitem a criação de políticas públicas de formação, como planos de carreira para o magistério que se coadunem com a realidade da formação e condições de trabalho voltadas, também, para as ações de desenvolvimento dos docentes brasileiros.

2. PERFIL DOS PROFESSORES

Considerando que se tornar professor faz parte de um processo plural, este capítulo tem por finalidade identificar o perfil dos docentes, tendo em vista os espaços e tempos em que estão inseridos. Tal perfil estrutura-se a partir de dados que vão além da formação escolar e profissional, abordando, necessariamente, aspectos de cunho individual e social. São eles: sexo; idade; estado civil e família; autoclassificação social; mobilidade; trajetórias; situação profissional; escolaridade e habilitação de professores[6].

Entretanto, cabe ressaltar que o docente só pode ter seu perfil delineado, de fato, se considerada, fundamentalmente, sua condição de sujeito como professor, já que trabalhar não é exclusivamente transformar um objeto ou situação em uma outra coisa. É, também, transformar a si mesmo *em* e *pelo* trabalho, como afirma Tardif (2000). Para o autor, o trabalho modifica a identidade do trabalhador, pois trabalhar não é somente fazer alguma coisa, mas fazer alguma coisa de si mesmo, consigo mesmo:

> Se uma pessoa ensina durante trinta anos, ela não faz simplesmente alguma coisa, ela faz também alguma coisa de si mesma: sua identidade carrega as marcas de sua própria atividade e uma boa parte de sua existência é caracterizada por sua atuação profissional, como também sua trajetória profissional estará marcada pela sua identidade e vida social, ou seja, *com o passar do tempo*, ela tornou-se – aos seus próprios olhos e aos olhos dos outros – um professor, com sua cultura, seu *éthos*, suas idéias, suas funções, seus interesses etc (Tardif, 2000: 2).

---

6 Vale lembrar que o conjunto de variáveis aqui apresentado foi selecionado com base no estudo "Los docentes y los desafios de la profesionalización", da UNESCO/IIPE, conforme mencionado no item referente à metodologia da pesquisa.

No caso do Brasil, onde o magistério é marcado, em sua história, por dificuldades de todas as ordens, a identidade construída pelos professores é, também, profundamente marcada, cotidianamente, pela luta pela afirmação no contexto em que atuam.

2.1 OS PROFESSORES SEGUNDO SEXO, IDADE E FAMÍLIA

Neste item, os professores são abordados a partir de atributos como sexo e idade e de dados acerca do seu estado civil e da composição de suas famílias. Essa caracterização do docente brasileiro permite que sejam estabelecidas, por confronto, algumas especificidades e continuidades frente a determinados traços do conjunto da população. Retrata, também, aspectos dessa categoria profissional – que toma para si a tarefa de educar – fundamentais para que dimensões do próprio ensino no país sejam compreendidas.

Além de fornecer dados gerais que facilitem uma primeira aproximação do universo dos professores, neste capítulo pretende-se estimular o surgimento de questões a respeito dessa categoria. A participação desigual de homens e mulheres nos diferentes níveis de ensino leva, por exemplo, à indagação acerca das razões de exercerem a profissão. Dados sobre a idade dos professores suscitam reflexões sobre a situação da renovação dos quadros do magistério.

2.1.1 Sexo

Segundo os dados da pesquisa, dentre os professores brasileiros, 81,3% são mulheres e 18,6% são homens. Percebe-se que, em relação às pessoas economicamente ativas (83.243.239), 58,13% são homens e 41,86% mulheres. Conclui-se que, no magistério, essa proporção assume características bem distintas. Cabe ressaltar que a maioria das professoras encontra-se atuando no ensino fundamental.

Ao revisar a produção teórica sobre o tema, publicada entre 1990 e 1998 em periódicos especializados, André (2002) refere-se a autores que, ao refletirem sobre a identidade e a profissionalização do professor, fornecem elementos para pensar acerca das razões dessa enorme discrepância entre o número de mulheres e o de homens envolvidos no magistério. A autora localizou onze artigos centrados exclusivamente no tema sexo/gênero, que sublinham determinantes socioistóricos que levam à feminização do magistério. Yannoulas (1993), por exemplo, acredita que o reduzido número de escolas existentes no século XIX e no início do século XX explica não ter havido uma resistência organizada ao ingresso das mulheres na profissão no momento em que a cobertura escolar foi ampliada. Desse modo, se considerado seu ponto de vista, a presença tão predominante de mulheres na profissão docente no Brasil se deveria ao aumento do mercado de trabalho, decorrente da ampliação do atendimento escolar, como também da procura dos homens por novas profissões que ofereciam melhores salários, quando do início da industrialização no país.

Outros autores abordados por André enfocam e discutem a associação, presente no imaginário social, entre escola e maternidade, que leva a uma concepção do processo educativo da escola como continuidade do iniciado no lar, sempre sob a orientação e/ou a coordenação de mulheres. A própria denominação "tia", dada pelos alunos às professoras, reforça a proximidade e identificação da professora com figura familiar e similar à materna (FREIRE, 1993). Para esses autores, a função da professora é naturalizada e desqualificada como prática e saber especializados, quando é concebida como continuação das tarefas da primeira educação, próprias da mãe. O conceito de feminização do magistério não se refere apenas à participação maciça de mulheres nos quadros docentes, mas também à adequação do magistério às características associadas tradicionalmente ao feminino, como o cuidado.

Representações sociais bastantes difundidas sobre professores e professoras parecem acompanhar essas distinções na composição, por sexo, do quadro docente dos diferentes níveis de ensino. Conforme exposto por Louro (1997), o professor sempre foi associado à autoridade e ao conhecimento, enquanto a professora sempre foi – e ainda é – vinculada ao apoio e a cuidados dirigidos aos alunos. Essas associações correspondem e se ajustam ao predomínio dos homens nos níveis mais altos e especializados da educação, nos quais o trabalho, em boa medida, está dirigido para a orientação dos jovens em relação à sua futura profissão, e à predominância das mulheres nos segmentos iniciais da escolarização, que contam com muitas tarefas voltadas para aspectos relacionados ao cuidado das crianças.

No âmbito da Educação Básica, o Censo do Professor, realizado pelo INEP, em 1997[7], registra 85,7% de mulheres e 14,1% de homens entre os professores (MEC/INEP, 1999). Deve-se, mais uma vez, atentar que é no ensino fundamental que aparecem as maiores proporções de professoras, sendo que, no ensino médio, prevalecem os homens, correspondendo a dois terços do total de docentes.

Segundo análise do Sistema de Avaliação da Educação Básica – SAEB, em 2001, a distribuição dos professores por sexo varia bastante, segundo a disciplina e a série. Em Língua Portuguesa, independentemente da série avaliada, a proporção de professores do sexo feminino representa a maioria. No entanto, a proporção de mulheres vai diminuindo gradativamente, quanto mais avançada é a série pesquisada. Já em Matemática, a proporção de docentes do sexo feminino é maior na 4ª série do ensino fundamental (91,1 %) e diminui gradativamente até a 3ª série do Ensino Médio, quando a proporção de docentes do sexo masculino assume a maioria, representando 54,7% do total. De um modo geral, constata-se que a participação das mulheres nos segmentos profissionais se concentra no setor terciário e, mais especificamente, nas áreas de saúde e ensino. Nessas atividades, a presença feminina representa 70% dos postos de trabalho. As áreas de saúde e ensino, juntas, representam cerca de 20% das ocupações brasileiras, sendo a participação das mulheres de 16,8%, contra 3,4% de homens (PNAD, 2002).

Para Carvalho (1996: 13), o fato de a maioria dos professores corresponder a mulheres não é só uma questão numérica, mas produz marcas dessa presença feminina na caracterização do grupo de profissionais da escola, nas formas de ensino, nas relações estabelecidas entre os diferentes atores que dão materialidade à escola. Para a autora, as marcas estão relacionadas ao predomínio da emoção e da afetividade na visão do mundo e do trabalho docente, como também *a uma postura defensiva e conservadora frente ao novo.*

[7] O Censo do Professor de 1997 foi o último realizado pelo MEC/INEP até o momento de elaboração deste estudo.

Assim, de acordo com Louro (1997), a escola é atravessada por essa contradição e, portanto, torna-se obrigatório pensar a instituição e seus sujeitos considerando as construções sociais sobre o masculino e o feminino.

2.1.2 Idade

Os dados do estudo apresentam como resultado uma média de idade dos docentes de 37,8 anos, o que, considerado o panorama internacional, coloca os professores brasileiros como relativamente mais jovens. A grande maioria dos docentes dos países pertencentes à Organização de Cooperação e Desenvolvimento Econômico (OCDE) e os de alguns países da União Européia, por exemplo, têm mais de 40 anos de idade[8]. Segundo Siniscalco (2003), os professores representam cerca de 1,6 % (59 milhões) da população mundial entre 15 e 64 anos de idade, sendo que, nos países mais pobres, estão concentrados em faixas etárias mais jovens.

No Brasil, há uma concentração significativa desses profissionais nas faixas de 26 a 35 anos e de 36 a 45 anos (33,6% e 35,6% do total, respectivamente). Os professores jovens, com até 25 anos, somam 8,8% do total. Com mais de 45 anos se encontram 21,9% dos docentes. Os dados apresentados na Tabela 3 mostram que não há diferenças significativas na distribuição de homens e mulheres nas diversas faixas etárias.

TABELA 3 – Proporção de professores, por sexo, segundo a faixa etária[1] – 2002

Faixa etária	Sexo		Total
	Masculino	Feminino	
Até 25 anos	10,8	8,4	8,8
De 26 a 35 anos	34,1	33,5	33,6
De 36 a 45 anos	31,2	36,6	35,6
De 46 a 55 anos	19,5	17,7	18,0
Acima de 55 anos	4,4	3,8	3,9
Total	100,0	100,0	100,0

Fonte: UNESCO, Pesquisa de Professores, 2002.
Notas: Foi perguntado aos professores: *Sua idade?*
(1) Dados expandidos.

[8] A pesquisa *Retrato da Escola: A realidade sem retoques da educação no Brasil*, divulgada pela Confederação Nacional dos Trabalhadores em Educação – CNTE (2003), aponta que 53,1%

Considerando que a idade do professor constitui uma das marcas de sua atuação, chama-se a atenção para algumas questões eventualmente relacionadas à condição etária, como a renovação dos quadros docentes por efeito de concurso/aposentadoria, a aceitação de novas concepções pedagógicas, a maior ou menor experiência, entre outras. Cabe também destacar que a concentração de docentes em atividade em sala de aula até 45 anos pode estar relacionada a uma aposentadoria "precoce" ou, ainda, a situações de abandono da profissão[9].

2.1.3 Estado Civil e Família

A média do número de pessoas por família, entre os professores, está situada em 3,8. Essa média pode ser considerada alta, se comparada com a média nacional, que, segundo a PNAD/2001, é de 3,3 pessoas por família. Com relação ao estado civil, os professores se declaram, em sua maioria, casados (55,1%), situação que não varia muito segundo o sexo. Chama a atenção, entretanto, o fato de 28,3% serem solteiros, o que pode estar relacionado com um perfil de professores mais jovens no Brasil: 42,4% têm menos de 35 anos de idade. Contudo, os pesquisados apontam para a presença de novas composições familiares (6,1%), que, segundo Castells (1999), é reflexo das transformações na ordem global que afetam, ao mesmo tempo, a privacidade e a sociabilidade e dão origem a novos movimentos diversos.

---

dos trabalhadores da educação básica se concentram na faixa etária de 40 a 59 anos. As diferenças entre os resultados das duas pesquisas devem-se ao tipo de amostragem utilizado em cada uma delas: enquanto a pesquisa do CNTE atinge trabalhadores de dez estados brasileiros, a aqui exposta está representando professores da totalidade dos estados brasileiros.

[9] Pesquisa realizada por Lapo e Bueno (2002) permitiu constatar que, de 1990 a 1995, houve um aumento da ordem de 300% nos pedidos de exoneração de docentes na rede pública de ensino do Estado de São Paulo. A média anual do aumento de exonerações, naquele período, foi de 43%.

TABELA 4 – Proporção de professores, por sexo, segundo o estado civil[1] – 2002

Estado civil	Sexo		Total
	Masculino	Feminino	
Solteiro(a)	32,9	27,3	28,3
Casado(a)	54,8	55,1	55,1
Vive junto (união conjugal consensual)	6,1	6,1	6,1
Divorciado(a)/Separado(a)	6,0	9,2	8,6
Viúvo(a)	0,1	2,3	1,9
Total	100	100	100

Fonte: UNESCO, Pesquisa de Professores, 2002.
Notas: Foi perguntado aos professores: *Seu estado civil?*
(1) Dados expandidos.

A grande maioria dos professores já constituiu uma unidade familiar autônoma em relação à original (formada com seus pais): pelo menos 71,6% deles declararam morar com a família nuclear que construíram. Os dados apresentados na tabela abaixo seguem a tendência da população brasileira em geral. A PNAD 2001 indica que 53,3% da população vive num arranjo familiar formado pelo casal com seus filhos. Os professores pesquisados habitam com o cônjuge ou companheiro, com seus próprios filhos e/ou com os filhos do companheiro. Por conta da dificuldade de manter autonomamente a família que constituíram, ou ainda porque se responsabilizam por pais e irmãos, 26,9% dos professores declararam habitar junto com sua família nuclear original. Há também 4,4% que afirmam viver sozinhos, 5,3% que moram com outros parentes e 3,6% que moram com não-parentes.

TABELA 5 – Proporção de professores, segundo a constituição familiar[1] – 2002

Constituição familiar[2]	Proporção (%)
Mora sozinho	4,4
Família nuclear constituída	71,6
Família nuclear original	26,9
Mora com outros parentes	5,3
Mora com outros não-parentes	3,6

Fonte: UNESCO, Pesquisa de Professores, 2002.
Notas: Foi perguntado aos professores: *Quem mora com o(a) sr.(a)?*
(1) Dados expandidos.
(2) As respostas não são auto-excludentes.

Apesar de mais de 76% dos professores viverem autonomamente em relação à sua família nuclear original, chama a atenção o fato de 62,3% deles responder negativamente quando questionados sobre se são "chefes de família" apenas 37,7% deles declararam-se chefes de família (Tabela 6). Entretanto, ao se considerar a análise por sexo, percebe-se que tal percentual reflete o fato de o professorado ser formado preponderantemente por mulheres. Na verdade, a grande maioria dos professores homens (72,7%) se considera chefe da família, enquanto apenas 29,7% das mulheres se classificam dessa maneira[10].

TABELA 6 – Proporção de professores, por sexo, segundo a condição de chefe de família[1] – 2002

Chefe de família	Sexo		Total
	Masculino	Feminino	
Sim	72,7	29,7	37,7
Não	27,3	70,3	62,3
Total	100,0	100,0	100,0

Fonte: UNESCO, Pesquisa de Professores, 2002.
Notas: Foi perguntado aos professores: *O sr.(a) é o(a) chefe de família da sua casa?*
(1) Dados expandidos.

Dos professores que não se consideram chefes de família, 28,4% responderam que cabe a seus filhos a chefia (Tabela A1), o que pode indicar, dentre outros fatos, incidência significativa de filhos de professores com capacidade de obter salários mais altos que os dos pais[11]. Mas a maioria dos 62,3% que não se consideram chefe de família

---

[10] Entre as mulheres, se acionado o dado acima apresentado, relativo ao estado civil, pode ser aventado que as 29,7% que se declararam chefes de família incluem as 9,2% separadas ou divorciadas e as 2,3% viúvas, posto que é comum, nessas situações, a prole permanecer sob a responsabilidade das mulheres (Tabela A1).

[11] O Censo Demográfico (IBGE/2000) constatava que, em 1991, a proporção de homens como chefes de família estava em torno de 82%, sendo de 18% a de mulheres. Já em 2000, esse número sofre uma significativa alteração (25% de mulheres como chefes de família contra 75% de homens). Evidencia-se também o crescimento de famílias de modelo monoparental chefiadas por mulheres, especialmente no estágio inicial da trajetória familiar, quando as crianças estão ainda na primeira infância. É interessante observar que as regiões Nordeste e Sudeste são as que apresentam as maiores proporções de domicílios chefiados por mulheres. No caso do nordeste, deve-se considerar, entre outros fatores, a intensidade da emigração nordestina masculina ocorrida nas últimas décadas.

afirmou que é seu cônjuge ou parceiro quem ocupa essa posição. Apesar de não ser possível aqui chegar a formulações conclusivas, o fato de cerca de terça parte (33%) dos chefes de família possuírem o curso superior (completo ou incompleto) indica que o nível de escolaridade não é elemento especialmente relevante para a atribuição que os professores se dão com relação à posição de chefe de família. Na verdade, o nível de escolaridade dos chefes de família distribui-se de forma homogênea pelo professorado: um terço dos chefes de família possui o ensino fundamental completo ou incompleto, um terço o ensino médio e o outro terço o nível superior completo ou incompleto (Tabela 7).

TABELA 7 - Proporção de professores, segundo o nível de instrução do chefe de família[1] – 2002

Nível de instrução do chefe de família	Proporção (%)
Sem instrução	2,5
Fundamental incompleto	23,3
Fundamental completo	9,2
Ensino médio incompleto	6,7
Ensino médio completo	25,2
Superior incompleto	8,8
Superior completo ou mais	24,2
Total	100,0

Fonte: UNESCO, Pesquisa de Professores, 2002.
Notas: Foi perguntado aos professores: *Qual o nível máximo de instrução da pessoa que é o chefe de família na sua casa?*
(1) Dados expandidos.

A participação na renda familiar é item que costuma acompanhar a atribuição da posição de chefe de família. De fato, o percentual de docentes que declara ser o principal provedor da família, 40,2%, é próximo ao que se declara chefe da família, 37,7%. Mais uma vez percebe-se a seletividade da resposta, se o atributo gênero é acionado: a maioria dos professores homens declara-se principal provedor da renda familiar (63,7%), enquanto junto às professoras esse percentual cai para 34,7%. Cabe, aqui, uma reflexão sobre o fato de 65,3% das docentes mulheres não se apresentarem como principais provedoras de renda da casa.

TABELA 8 – Proporção de professores, por sexo, segundo a condição de ser ou não o principal provedor de renda da família[1] – 2002

Principal provedor de renda na família	Sexo		Total
	Masculino	Feminino	
Sim	63,7	34,7	40,2
Não	36,3	65,3	59,8
Total	100,0	100,0	100,0

Fonte: UNESCO, Pesquisa de Professores, 2002.
Notas: Foi perguntado aos professores: *O(a) sr.(a) é o(a) principal provedor(a) de renda da sua casa?*
(1) Dados expandidos.

É provável que a figura do provedor masculino, que costuma estar identificada à de chefe de família, se sobreponha à realidade efetiva da participação na renda familiar. Em outras palavras, as relações desiguais de gênero parecem ainda concorrer mais fortemente do que o nível de escolaridade e a participação na renda familiar para a determinação da representação da chefia da família junto a parcela considerável do professorado. Assim, dentre outras possibilidades, é cabível relacionar o fato de poucas professoras se declararem chefes de família à visão conservadora que atribui essa posição social aos homens, independentemente da efetiva responsabilidade frente ao funcionamento e, muitas vezes, à própria manutenção da unidade familiar.

TABELA 9 – Proporção de professores, por sexo, segundo percentagem de contribuição para a renda familiar[1] – 2002

Percentagem de contribuição para a renda familiar	Sexo		Total
	Masculino	Feminino	
Até 20%	8,1	11,5	9,8
De 21% a 40%	13,7	21,9	17,8
De 41% a 60%	20,5	25,7	23,1
De 61% a 80%	21,1	12,5	16,8
De 81% a 100%	36,6	28,4	32,5
Total	100,0	100,0	100,0

Fonte: UNESCO, Pesquisa de Professores, 2002.
Notas: Foi perguntado aos professores: *Qual a porcentagem da sua contribuição para a renda mensal da sua família?*
(1) Dados expandidos.

Mesmo quando o docente não é o principal provedor, ele tem uma participação significativa na renda familiar: cerca de um terço dos professores afirma que sua contribuição representa entre 81% e 100% da renda total da família. A segunda maior parcela é a dos que contribuem na faixa de 41% a 60% da renda da família (Tabela 9).

Outro aspecto da vida familiar investigado nesta pesquisa foi o da incidência da prática docente junto aos familiares dos professores. A esse respeito, a maioria (63,3%) dos docentes declarou haver outro professor na sua família. Entre esses, 35,1% têm irmãos professores e 12,5% têm mãe professora. Além disso, 9,7% dos que responderam afirmativamente têm o cônjuge ou parceiro também professor (Tabela 10).

TABELA 10 – Proporção de professores, segundo a prática docente por outros membros da família[1] – 2002

Membro da família dedicado à prática docente	Proporção (%)	Freqüência
O pai	3,1	52310
A mãe	12,5	212977
O filho(a)	4,1	68954
O irmão(ã)	35,1	596132
O cônjuge/ parceiro(a)	9,7	165423
Outro familiar	14,1	240151

Fonte: UNESCO, Pesquisa de Professores, 2002.

Notas: Foi perguntado aos professores: *Na sua família, além do(a) sr(a), há alguém que se dedique ou tenha se dedicado à prática docente?*

(1) Dados expandidos.

A pesquisa constata, ainda, que a escolaridade dos pais dos professores é bastante precária: 49,5% dos professores têm os pais com o nível fundamental incompleto (Tabela 11). Cerca de 15% dos pais e das mães não têm nenhum grau de instrução, enquanto não passam de 5,7% os docentes cujos pais possuem ensino superior completo. Tal dado pode sinalizar a existência de uma certa mobilidade social entre os atuais professores brasileiros.

TABELA 11 – Proporção de professores, segundo o nível de escolaridade dos pais[1] – 2002

Nível de escolaridade dos pais	Proporção (%)		Total
	Pai	Mãe	
Sem instrução	15,4	15,0	15,2
Fundamental incompleto	50,2	48,8	49,5
Fundamental completo	12,7	13,5	13,1
Ensino médio incompleto	3,4	3,3	3,4
Ensino médio completo	10,8	11,9	11,4
Superior incompleto	1,8	1,6	1,7
Superior completo ou mais	5,5	5,8	5,7
Total	100	100,0	100,0

Fonte: UNESCO, Pesquisa de Professores, 2002.
Notas: Foi perguntado aos professores: *Qual o nível de instrução do seu pai e da sua mãe?*
(1) Dados expandidos.

Batista (2004), em "*Os professores de português e a leitura: um estudo exploratório*", buscou apreender as relações de professores de Português com a leitura. Trata-se de uma investigação de caráter exploratório, circunscrita a professores que atuam em Minas Gerais, cujos dados foram, em sua maior parte, coletados entre os anos de 1993 e 1994. É interessante perceber que os avós dos professores aparecem representados nos grupos com baixa ou nenhuma escolaridade (cerca de 86%). Nota-se, porém, uma importante diferença em relação à escolaridade dos pais dos professores: a concentração maior dos professores ocorre, predominantemente, junto ao grupo dos sem-escolaridade completa. Além disso, é maior o número de avós analfabetos. Tudo indica, portanto, que entre as duas diferentes gerações do grupo familiar ocorreu um aumento no nível de instrução, embora discreto: a concentração predominante desloca-se apenas parcialmente dos sem-escolaridade completa para os com o curso primário completo, uma vez que, se passa dos avós para os pais, constata-se apenas uma diminuição da concentração dos sem- escolaridade e não um predomínio significativo dos que concluíram o primário (primeiro segmento do ensino fundamental).

É possível, tomando-se os dados sobre o grau de instrução dos pais dos professores apresentado na pesquisa acima abordada, associar a construção de uma carreira docente à possibilidade de mobilidade social por meio de um processo de escolarização ao qual pais e mães dos docentes não tiveram acesso.

2.2 OS PROFESSORES SEGUNDO DISTRIBUIÇÃO GEOGRÁFICA, RENDA FAMILIAR, AUTOCLASSIFICAÇÃO SOCIAL E MOBILIDADE

O presente item analisa as questões afetas à profissão dos professores, a partir dos dados obtidos sobre a região geográfica em que atuam, a renda familiar, a autoclassificação social e a mobilidade, associados às variáveis de sexo, idade e família.

Em 2002, o Censo Escolar registrou um total de 2,4 milhões de funções docentes em creche, pré-escola, classe de alfabetização, ensino fundamental e ensino médio, para um total de 50,6 milhões de alunos matriculados nesses níveis de ensino. Para o ensino fundamental, conta-se com 1.581.044 docentes. Para o ensino médio, são 468.310. O aumento no número de funções docentes no ensino fundamental, de 5ª a 8ª séries, foi de 30,9% de 1996 para 2002, sendo 34,2% na rede pública. No ensino médio, esse acréscimo foi de 43,3%, com 50,8% na rede pública. A região que registrou maior aumento, tanto no ensino fundamental de 5ª a 8ª séries quanto no ensino médio, foi a Nordeste (Estatísticas dos Professores no Brasil, MEC/INEP, 2003). Isso se explica pelos inúmeros programas governamentais e insumos voltados à inclusão de crianças e jovens em idade obrigatória de escolarização nas redes de ensino, naquela região.

Os professores de ensino fundamental constituem expressiva maioria em todas as regiões do país. Esse dado é reflexo da cobertura do atendimento, nas redes de ensino, da população entre 7 e 14 anos, da ordem de 97% (Censo Escolar de 2002, MEC/INEP). No que diz respeito à escolaridade da juventude, embora se observe que no período entre 1994[12] e 2000 a taxa de analfabetismo tenha decaído de 15,5%

[12] Dados estimados pelo MEC/INEP, a partir de IBGE/PNAD, 1994.

para 11,7%, os números são ainda bastante insatisfatórios, principalmente ao se considerar que, do total de jovens entre 15 e 24 anos, 46,8% (ou 16 milhões) freqüentam a escola (IBGE, 2001), porcentagem esta que, analisada ao inverso, alerta para o fato de mais da metade da juventude do Brasil estar fora dos sistemas de ensino[13].

Ainda segundo o MEC/INEP (2002), no ano de 2002 existiam 172.508 estabelecimentos com ensino fundamental, sendo 153.696 públicos e 18.812 privados. Já no ensino médio, para o mesmo ano, registram-se 22.533 estabelecimentos. Destes, 15.761 são da rede pública e 6.772 são da rede privada. Evidencia-se a forte presença da rede pública no ensino fundamental.

2.2.1 Distribuição Geográfica

A vida de uma escola costuma ser, por diversas razões, influenciada diretamente pelo fato de estar situada em determinado município, de determinada região. Boa parte das condições de vida e trabalho dos professores brasileiros também está delineada por essa localização. Por tal razão, mapear a distribuição espacial dos professores que participaram da pesquisa pode auxiliar no estabelecimento das áreas que merecem atenção diferenciada do poder público frente a questões específicas do ensino.

A maioria dos professores da pesquisa trabalha em escolas localizadas nos municípios do interior (61,6%), o que é compatível com o fato de a maior parte dos municípios brasileiros situar-se nessa categoria. A quarta parte (25,6%) atua nas capitais e os demais (12,8%) nas chamadas periferias urbanas, segundo parâmetros estabelecidos pela própria pesquisa[14].

---

[13] Sobre o analfabetismo entre os jovens de 14 a 24 anos ver Waiselfisz, 2004.

[14] A pesquisa engloba na categoria "interior" todos os municípios que não são capitais nem pertencem a regiões metropolitanas de capitais (periferia urbana), independentemente de sua população e dos tipos de atividades que desenvolvem.

A distribuição geográfica acompanha distinções sociais importantes no interior da categoria. Uma análise da localização espacial dos professores segundo o sexo revela que, em termos relativos, os homens tendem mais facilmente a atuar na capital que as mulheres, as quais, por sua vez, estão mais presentes em municípios situados no interior ou na periferia (Tabela 12).

TABELA 12 – Proporção de professores, por sexo, segundo a condição do município onde leciona[1] – 2002

Condição do município	Sexo		Total
	Masculino	Feminino	
Capital	31,4	24,2	25,6
Periferia	11,9	13,0	12,8
Interior	56,6	62,8	61,6
Total	100,0	100,0	100,0

Fonte: UNESCO, Pesquisa de Professores, 2002.
(1) Dados expandidos.

Do mesmo modo, podem ser apontadas diferenças significativas na distribuição espacial dos professores quando as faixas etárias são observadas. Professores mais velhos aparecem em maior número atuando nas capitais, enquanto nas periferias observa-se maior concentração relativa de professores mais jovens. Assim, encontram-se 20,9% dos professores com até 25 anos para 30,8% dos professores na faixa de 46 a 55 anos atuando na capital. É bem provável que esses dados reflitam uma modalidade de carreira docente na qual tempo de trabalho e/ou experiência acompanham o vetor centro/periferia: os professores mais jovens, que estão iniciando a carreira, são alocados preferencialmente nas escolas de periferia, adquirindo chances de trabalhar nas escolas dos grandes centros urbanos à medida que aumentam sua experiência e/ou tempo de atuação.

Na Tabela 13 pode ser observado que boa parte dos professores (45,1%) atua em municípios com mais de 100.000 habitantes. Sua distribuição, segundo o tamanho da população dos municípios, também acompanha diferenças sociais importantes existentes no interior da categoria. Nos municípios com menos de 100.000 habitantes, a presença feminina no professorado é maior em termos absolutos e relativos, enquanto nos municípios mais populosos, com mais de 100.000 habitantes, a presença masculina é maior, relativamente.

TABELA 13 – Proporção de professores, por sexo, segundo o porte do município (em número de habitantes) onde leciona[1] – 2002

Porte do município	Sexo		Total
	Masculino	Feminino	
Até 5.000	0,8	1,8	1,6
De 5.001 a 10.000	9,0	10,1	9,9
De 10.001 a 20.000	9,6	14,5	13,6
De 20.001 a 50.000	19,3	18,0	18,2
De 50.001 a 100.000	11,0	11,7	11,5
De 100.001 a 500.000	24,3	22,6	22,9
Mais de 500.000	26,0	21,3	22,2
Total	100,0	100,0	100,0

Fonte: UNESCO, Pesquisa de Professores, 2002.
(1) Dados expandidos.

Parte considerável dos professores estudados (45,3%) atua na região Sudeste (Tabela 14). De fato, há uma concentração de matrículas nessa região. Dados da Sinopse Estatística do INEP de 2002 indicam que, do total de 54.716.609 matrículas na educação básica, 20.578.565 são da região Sudeste (MEC/INEP, 2002).

TABELA 14 – Proporção de professores, por sexo, segundo a região geográfica onde leciona[1] – 2002

Região geográfica	Sexo		Total
	Masculino	Feminino	
Norte	8,9	5,4	6,0
Nordeste	25,9	24,9	25,1
Centro-oeste	7,5	7,9	7,8
Sudeste	45,5	45,2	45,3
Sul	12,1	16,5	15,7
Total	100,0	100,0	100,0

Fonte: UNESCO, Pesquisa de Professores, 2002.
(1) Dados expandidos.

Cerca da quarta parte desses professores atua na região Nordeste. Na região Sul estão 15,7% deles. Menores concentrações são apresentadas pela região Centro-Oeste (7,8%) e pela região Norte (6,0%). No caso da distribuição dos professores por região, não são encontradas diferenças significativas quanto ao sexo, afora leve predominância relativa de docentes homens na região Norte e uma tendência semelhante para as mulheres na região Sul.

Em 2002, havia no Brasil 32 alunos para cada docente de 4ªa 8ª séries do ensino fundamental (MEC/INEP,2003). Essa relação alunos/professor varia significativamente nas diversas regiões do país. Nas regiões Norte e Nordeste a razão aluno/professor é muito alta: 50 e 43 alunos por professor, respectivamente. Nas demais, essa relação encontra-se abaixo da média nacional: no Centro–Oeste há 29 alunos por professor; no Sudeste, 27 e, no Sul, 26, quase metade da encontrada no Norte. Esses dados tornam-se ainda mais importantes por corresponderem a disparidades socioeconômicas entre as diferentes regiões do país: é exatamente nas regiões mais pobres que há mais alunos por professor. Cabe relacionar a questão da pobreza com as desigualdades, conforme nos alerta Henriques (2004):

> O Brasil não é um país pobre, mas tem um número excessivo de pobres. É que, apesar do seu alto grau de desenvolvimento, que o coloca entre as onze maiores economias do mundo, e a renda per capita de sua população, superior à de 75% da humanidade, 53 milhões de brasileiros vivem na pobreza. Pior: desse enorme contingente, 22 milhões encontram-se em condição de miséria. O que explica esse paradoxo? O fato de o Brasil ter uma das mais elevadas desigualdades de renda do mundo. Aqui, a desigualdade de renda é tal que a posição do Brasil, em termos de justiça social, está muito distante de qualquer padrão reconhecível como razoável no cenário mundial. Fosse a desigualdade de renda condizente com o grau de desenvolvimento do país, haveria em torno de 60% de pobres a menos no Brasil. Não é o que se verifica, porém. Aqueles que se encontram entre os 10% mais ricos da população apropriam-se de cerca da metade do total de renda das famílias, enquanto que, no outro extremo, os 50% mais pobres detêm pouco mais de 10% da renda. E isso há pelo menos 30 anos. A construção de um projeto de desenvolvimento para o Brasil, tendo

como eixo a justiça social e a qualidade de vida, pressupõe a consciência de que a pobreza é nosso problema mais urgente, mas que nossa maior doença é a desigualdade.

Vale ressaltar que as diferenças regionais têm sido perpetuadas ao longo da sociedade brasileira. Alguns números referentes à renda do trabalhador ilustram tal fato. Como apontam Azzoni e Menezes, *apud* Santos Júnior e Ferreira (2003), a renda média do trabalho do brasileiro, por hora, é de R$15,87; no Nordeste, é de R$12,33 e, no Sudeste, R$17,12. Os autores sinalizam, ainda, que, ao se pensar no conjunto das Unidades da Federação, as diferenças são mais significativas: no Piauí, a renda média é de R$8,97; no Rio de Janeiro, R$17,13; na Bahia, R$12,81 e, em São Paulo, R$18,66.

2.2.2 Renda Familiar

A despeito da desvalorização da profissão docente, refletida, de um modo geral, nos baixos salários, a renda familiar dos professores é sensivelmente superior à da média da população brasileira. De acordo com o IBGE[15], 50,7% dos brasileiros ocupados ganham até dois salários mínimos. Os dados da pesquisa revelam que 65,5% dos professores possuem renda familiar entre dois e dez salários mínimos e 36,6% entre cinco e dez (Tabela 15). Já na faixa mais elevada, mais de 20 salários mínimos, o percentual dos professores encontra-se próximo ao da população em geral, 6,1% e 5,9%, respectivamente. Já foi visto que 32,5% dos professores afirmam contribuir com mais de 81% da renda familiar e que outros 16,8% contribuem com percentual situado entre 61% a 80% (Tabela 9), o que permite aferir a importância da participação dos docentes na composição da renda de seu lar.

---

[15] Pesquisa Nacional por Amostra de Domicílios 2001: microdados. Rio de Janeiro: IBGE, 2002.

TABELA 15 – Proporção de professores, segundo a faixa de renda familiar mensal[1] – 2002

Faixa de renda familiar mensal	Proporção (%)
Até 2 salários mínimos	4,5
Mais de 2 a 5 salários mínimos	28,9
Mais de 5 a 10 salários mínimos	36,6
Mais de 10 a 20 salários mínimos	23,8
Mais de 20 salários mínimos	6,1
Total	100,0

Fonte: UNESCO, Pesquisa de Professores, 2002.
Notas: Foi perguntado aos professores: *Qual é aproximadamente a renda mensal da sua família?*
(1) Dados expandidos.

Tomando como base a relação entre a dependência administrativa da escola em que o professor atua (escola pública e escola privada) e a renda familiar (Tabela 16), percebe-se que, do total dos docentes que se situam na faixa de até 2 salários mínimos, 4,9% estão atuando na rede pública e 3,0 % nas escolas privadas.

Há uma concentração de professores de renda familiar mais elevada nas escolas privadas. Esse percentual atinge 43,5% se somadas as faixas de ganho de 10 a 20 salários mínimos e mais de 20 salários. Na escola pública, para essas faixas de ganho, obtém-se o índice de 27%.

TABELA 16 – Proporção de professores, por dependência administrativa da escola, segundo renda familiar mensal[1] – 2002

Renda familiar mensal	Dependência administrativa		Total
	Pública	Privada	
Até 2 salários mínimos	4,9	3,0	4,6
Mais de 2 a 5 salários	30,3	21,9	28,8
Mais de 5 a 10 salários	37,8	31,6	36,7
Mais de 10 a 20 salários	22,7	29,2	23,9
Mais de 20 salários	4,3	14,3	6,1
Total	100,0	100,0	100,0

Fonte: UNESCO, Pesquisa de Professores, 2002.
Notas: Foi perguntado aos professores*: Qual é, aproximadamente, a renda mensal da sua família?*
(1) Dados expandidos.

Abordando a questão da pauperização dos professores do ensino básico, particularmente os da rede pública, Assis (2004) apresenta a seguinte análise:

> Ao pensar na universalização do direito à educação básica, educação infantil, ensino fundamental e ensino médio, há que se pensar no professor, na valorização do profissional que tem a responsabilidade de trabalhar com estes corações e mentes, constituindo conhecimentos e valores indispensáveis à vida da criança, do adolescente e jovem no presente, no curto e no médio prazo. Assim como houve uma pauperização da população em geral no Brasil, também houve uma pauperização dos professores. Os professores deixaram de ganhar um salário digno, deixaram de ter uma carreira atraente, passaram a ter muita dificuldade de se manter como cidadãos. O professor é um profissional que tem que ler, viajar, escrever, ter acesso aos bens de cultura e isso durante muitas décadas foi sendo destruído e alijado de seu alcance. Eu não acredito que foi só para o professor, foi para toda a população de profissionais do país, mas em particular isso deixa uma marca extremamente perniciosa no professor. Porque um profissional que não tem uma preparação prévia e uma atualização em serviço e condições de se tornar um cidadão e um profissional cada vez mais sábio, mais experiente, mais cidadão do mundo, com olhar para o seu país, para sua localidade, para sua cidade, para o seu bairro, mas uma pessoa que se vê como integrante deste planeta com toda cultura que a inteligência humana tem criado, se ele não tem a possibilidade do acesso, como é que ele abre estes caminhos na escola?

A região geográfica onde o professor trabalha se correlaciona com sua renda familiar. Acompanhando as desigualdades regionais, apenas 12,3% dos professores da região Nordeste possuem renda familiar acima de 10 salários mínimos. Esse percentual sobe para 22,5% entre os professores da região Norte; para 26,8% entre os da região Centro-Oeste; 27,8% entre os da região Sul; e 42,1% junto aos professores da região Sudeste, conforme a Tabela 17.

Diferenças na renda familiar dos professores também são encontradas segundo a condição do município em que trabalham, se capital do estado, periferia ou interior. Dos professores que atuam nas capitais, 46,7% têm renda familiar superior a 10 salários mínimos (Tabela 18). Na periferia das capitais, esse percentual cai para 32,2%

e, no interior, para 22,6%. É expressivo o percentual de professores que trabalham no interior com renda familiar abaixo de cinco salários mínimos – 41,4%, enquanto 24,4% dos que trabalham na periferia e 18,5% dos que atuam em capitais têm famílias com essa faixa de renda.

TABELA 17 – Proporção de professores, por região geográfica onde leciona, segundo a renda familiar mensal[1] – 2002

Renda familiar mensal	Região geográfica					Total
	Norte	Nordeste	Centro-oeste	Sudeste	Sul	
Até 2 salários mínimos	6,9	12,7	2,4	1,0	1,9	4,5
Mais de 2 a 5 salários	34,9	49,0	32,0	17,9	24,4	28,9
Mais de 5 a 10 salários	35,6	26,0	38,8	39,0	45,8	36,6
Mais de 10 a 20 salários	18,7	10,3	20,2	33,2	22,4	23,8
Mais de 20 salários	3,8	2,0	6,6	8,9	5,4	6,1
Total	100,0	100,0	100,0	100,0	100,0	100,0

Fonte: UNESCO, Pesquisa de Professores, 2002.
Notas: Foi perguntado aos professores: *Qual é, aproximadamente, a renda mensal da sua família?*
(1) Dados expandidos.

TABELA 18 – Proporção de professores, por condição do município onde leciona, segundo a renda familiar mensal[1] – 2002

Renda familiar	Condição do município			Total
	Capital	Periferia	Interior	
Até 2 salários mínimos	2,2	2,0	6,0	4,5
Mais de 2 a 5 salários mínimos	16,3	22,5	35,4	28,9
Mais de 5 a 10 salários mínimos	34,8	43,3	36,0	36,6
Mais de 10 a 20 salários mínimos	35,2	26,0	18,7	23,8
Mais de 20 salários mínimos	11,5	6,2	3,9	6,1
Total	100,0	100,0	100,0	100,0

Fonte: UNESCO, Pesquisa de Professores, 2002.
Notas: Foi perguntado aos professores: *Qual é, aproximadamente, a renda mensal da sua família?*
(1) Dados expandidos.

O tamanho do município onde os professores exercem o magistério é outra variável correlacionada com a renda de suas famílias. De fato, em municípios com menos de cinco mil habitantes, apenas 2,6% dos professores têm renda familiar superior a 10 salários mínimos. Por sua vez, nos municípios com população entre 20 mil e 50 mil habitantes, o percentual é dez vezes maior, 22,9% dos professores. Nos municípios com mais de 500 mil habitantes, faixa onde estão incluídas as capitais, o percentual dos professores cujas famílias têm renda familiar acima de 10 salários mínimos chega a 51,1%.

A partir dos dados apresentados neste item, a respeito da renda familiar dos professores, do local em que trabalham e do tipo de escola em que lecionam, é possível propor um modo de hierarquizá-los que pode auxiliar em uma primeira aproximação de diferenças importantes no seu nível de vida. Conjugando essas três variáveis e conformando categorias por meio de sua agregação, se obteria o conjunto dos professores hierarquizados segundo sua renda familiar. No pólo superior, estariam os professores da região Sudeste, que exercem suas atividade em escolas privadas das capitais. No pólo oposto, com renda familiar mais baixa, estariam os professores que atuam em escolas públicas localizadas em municípios do interior com até cinco mil habitantes.

2.2.3 Autoclassificação Social

Os professores, com freqüência, são situados na classe média pela população, por eles mesmos e também por diferentes estudos acadêmicos. Guimarães (1999) observa que a classe média tem sido pouco estudada e aponta três áreas que concentram a maioria dos estudos a seu respeito: militares e estudantes, por força da atuação importante que tiveram em determinados momentos da história do Brasil; categorias profissionais específicas, como advogados, engenheiros e médicos, devido às suas relações e participação no poder; e o associativismo e o sindicalismo, envolvendo segmentos da classe média, que por vezes incluem a atuação dos professores.

Análises que localizam os professores em classes sociais são consideravelmente marcadas pelos estudos que costumam centrar-se na discussão a respeito da profissionalização e da pauperização da categoria. No Brasil, discussões sobre o empobrecimento do professor foram, de maneiras diferentes, suscitadas e desenvolvidas, dentre outros, por Enguita (1991), por Pucci, Oliveira e Squissardi (1991) e por Carvalho (1996).

Em que pese a importância que determinadas análises têm tido em diferentes debates sobre a localização do professorado na estrutura ou na hierarquia social que, de alguma maneira utilizam o conceito ou a noção de classe social, o senso comum costuma associar classe à posição ocupada pelos indivíduos na hierarquia social. Foi com este sentido que os questionários desta pesquisa apresentaram aos professores a questão sobre a autoclassificação em uma determinada classe (alta, média e baixa). Na verdade, em vez de determinar a classe social à qual pertence o professor, aqui será indicada aquela com a qual o docente brasileiro se identifica e em que medida essa identificação está baseada em sua renda familiar, na região geográfica e na localidade em que vive.

Cabe ressaltar que optar por uma categoria, ao autoclassificar-se na escala de estratificação social:

> Pode ser a maneira de assumir uma recusa frente às situações consideradas extremas e negativamente valorizadas do ponto de vista social ou que corresponderiam a estereótipos a serem evitados. De alguma forma, haveria referencias implícitas a um outro com o qual não se quer identificar ou que não serve de parâmetro de comparação (ABRAMOVAY e RUA, 2002: 209).

Os dados da pesquisa revelam que aproximadamente um terço dos professores (33,2%) se autoclassifica como *pobre*. Essa percepção está correlacionada com a renda familiar e é mais acentuada junto aos professores com renda familiar de até dois salários mínimos, 65,8% dos quais classificaram-se desse modo. Quando os professores têm renda familiar entre dois e cinco salários mínimos, esse percentual cai para 47%, diminuindo progressivamente e chegando a 9,8% dos professores com renda familiar acima de 20 salários mínimos (Tabela 19).

TABELA 19 – Proporção de professores, por renda familiar mensal, segundo a percepção da condição econômica da família[1] – 2002

Condição econômica da família	Renda familiar mensal					Total
	Até 2 salários mínimos	Mais de 2 a 5 salários	Mais de 5 a 10 salários	Mais de 10 a 20 salários	Mais de 20 salários	
É pobre	65,8	47,0	31,8	18,8	9,8	33,2
Não é pobre	34,2	53,0	68,2	81,2	90,2	66,8
Total	100,0	100,0	100,0	100,0	100,0	100,0

Fonte: UNESCO, Pesquisa de Professores, 2002.
Notas: Foi perguntado aos professores: *O(a) sr.(a) considera sua família pobre?*
(1) Dados expandidos.

Os dados mostram que o que aqui está sendo chamado de identificação de classe tem a ver, em grande medida, com renda familiar. O fato de considerar-se pobre, que também se relaciona com a renda familiar, não acompanha completamente essa identificação. Como pode se observar na Tabela 20, a maioria dos professores se considera pertencente à classe média baixa em todas as faixas de renda, à exceção dos que têm renda familiar superior a 20 salários mínimos. Dos professores com renda familiar de até dois salários mínimos, a maioria (48,6%) se identifica com a classe média baixa e 31,9% se consideram pertencentes à classe baixa, embora 65,% deles, como foi visto, tenham se autoclassificado como pobres. Da mesma forma, dos professores com a renda familiar variando de dois a cinco salários mínimos, dos quais 47% se julgam pobres, 17,9% se consideram situados na classe baixa e 58% na classe média baixa. Mesmo com renda muito baixa, a maioria dos professores não se identifica como pertencentes a estratos sociais mais pobres, o que pode estar evidenciando uma necessidade de preservação da auto-estima e valorização.

Atuar em uma ou outra região geográfica parece não interferir na forma dos professores se identificarem com as classes sociais apresentadas na pesquisa. Em todas as regiões, a identificação com a classe média baixa predomina. A maior identificação com a classe baixa é observada na região Norte (18%), e a menor na região Sul (8,1%).

TABELA 20 – Proporção de professores, por renda familiar mensal, segundo identificação de classe social[1] – 2002

Classe social	Renda familiar mensal					Total
	Até 2 salários mínimos	Mais de 2 a 5 salários mínimos	Mais de 5 a 10 salários mínimos	Mais de 10 a 20 salários mínimos	Mais de 20 salários mínimos	
Alta	1,0	0,1	0,2	0,4	0,7	0,3
Média alta	1,0	1,3	0,8	1,3	5,2	1,3
Média	17,6	22,8	29,1	47,7	67,2	33,6
Média baixa	48,6	58,0	60,2	45,9	25,1	53,4
Baixa	31,9	17,9	9,8	4,7	1,7	11,4
Total	100,0	100,0	100,0	100,0	100,0	100,0

Fonte: UNESCO, Pesquisa de Professores, 2002.
Notas: Foi perguntado aos professores: *Atualmente, com qual classe social o(a) sr.(a) se identifica?*
(1) Dados expandidos.

Quando se considera a condição e o porte do município onde os professores trabalham, são observados nas capitais (39,1%) e nos municípios com mais de 500 mil habitantes (38,9%) valores relativamente altos daqueles que se enquadram na classe média. Por outro lado, os maiores percentuais de professores que se identificam com a classe baixa são encontrados nos municípios de até 20 mil habitantes (15%) e nos municípios do interior (12,3%). Vale lembrar que, como já assinalado, a maior parte dos professores pesquisados atua em cidades com até 100 mil habitantes e no interior (44,3% e 61,6%, respectivamente).

Pode se constatar pelas Tabelas 21 e 22 que, à medida que o porte dos municípios aumenta, a renda familiar se eleva.

A autoclassificação também muda conforme o porte do município, o que sugere haver correlação entre o grau de urbanização e as formas de autoclassificação que identificam os professores. Enquanto a maioria (54%) dos que atuam em municípios com até 5.000 habitantes tem uma renda familiar entre 2 a 5 salários, a maior parte dos docentes das cidades com mais de 500.000 habitantes (37,3%) tem uma renda familiar de 10 a 20 salários mínimos. No geral, a faixa de renda familiar mais freqüente e a de 2 e 10 salários mínimos.

TABELA 21 – Proporção de professores, por porte do município onde leciona, segundo renda familiar mensal[1] – 2002

Renda familiar	Porte do município (em número de habitantes)							Total
	Até 5.000	De 5.001 a 10.000	De 10.001 a 20.000	De 20.001 a 50.000	De 50.001 a 100.000	De 100.001 a 500.000	Mais de 500.000	
Até 2 salários mínimos	15,6	14,9	7,0	3,5	2,0	2,1	2,3	4,5
Mais de 2 a 5 salários	54,5	44,8	43,7	34,8	27,5	24,2	11,3	28,9
Mais de 5 a 10 salários	27,3	30,8	34,2	38,8	40,4	38,9	35,4	36,6
Mais de 10 a 20 salários	2,6	8,6	13,4	19,0	25,9	28,0	37,3	23,8
Mais de 20 salários	0,0	1,0	1,7	3,9	4,2	6,9	13,8	6,1
Total	100,0	100,0	100,0	100,0	100,0	100,0	100,0	100,0

Fonte: UNESCO, Pesquisa de Professores, 2002.
Notas: Foi perguntado aos professores: *Qual é, aproximadamente, a renda mensal da sua família?*
(1) Dados expandidos.

Como pode ser constatado na tabela a seguir, independentemente do porte do município, a maioria do professorado não se considera pobre (66,8%), existindo uma tendência dos docentes de municípios com até 5.000 habitantes a assim se classificar.

TABELA 22 – Proporção de professores, por porte do município onde leciona, segundo a percepção da condição econômica da família[1] – 2002

Condição econômica da família	Porte do município (nº de habitantes)		Total
	Até 5.000	Mais de 500.000	
É pobre	44,7	30,1	33,2
Não é pobre	55,3	69,9	66,8
Total	100,0	100,0	100,0

Fonte: UNESCO, Pesquisa de Professores, 2002.
Notas: Foi perguntado aos professores: *O(a) sr.(a) considera sua família pobre?*
(1) Dados expandidos.

O tipo de escola em que o professor atua parece também interferir nas diferentes formas de se identificarem com as classes sociais apresentadas, muito embora os professores das escolas públicas e privadas se dividem uniformemente quanto à identificação com a classe alta (0,3% e 0,4%, respectivamente).

TABELA 23 – Proporção de professores, por dependência administrativa da escola, segundo identificação de classe social[1] – 2002

Classe social	Dependência administrativa		Total
	Pública	Privada	
Alta	0,3	0,4	0,3
Média alta	1,3	2,5	1,5
Média	32,2	41,6	33,9
Média baixa	54,1	48,7	53,1
Baixa	12,2	6,9	11,2
Total	100,0	100,0	100,0

Fonte: UNESCO, Pesquisa de Professores, 2002.
Notas: Foi perguntado aos professores: *Atualmente, com qual classe social o(a) sr.(a) se identifica?*
(1) Dados expandidos.

Ao se analisarem os dados pela dependência administrativa da escola, constata-se que, nas escolas públicas, 35,8% dos professores consideram que seus alunos são de nível socioeconômico baixo, enquanto os das escolas privadas, em maiores proporções, classificam seus alunos como de nível *médio* ou *médio-alto.*

TABELA 24 – Proporção de professores, por dependência administrativa da escola, segundo o nível socioeconômico de seus alunos[1]– 2002

Nível socioeconômico dos alunos	Dependência administrativa		Total
	Pública	Privada	
Alto	0,1	3,9	0,8
Médio-alto	0,6	25,1	4,9
Médio	10,9	48,6	17,6
Médio-baixo	35,8	18,8	32,8
Baixo	52,6	3,6	43,9
Total	100,0	100,0	100,0

Fonte: UNESCO, Pesquisa de Professores, 2002.
Notas: Foi perguntado aos professores: *Qual é o nível socioeconômico predominante entre os alunos deste estabelecimento?*
(1) Dados expandidos.

Se, por um lado, os professores com melhores rendas familiares declaram estar em escolas privadas, por outro, é também nessas escolas, segundo a própria opinião dos docentes, que estão concentrados os alunos com melhores condições socioeconômicas. Nas escolas públicas, entretanto, os professores evidenciam percepções de alguma distância social entre eles e seus alunos, corroborando a observação que vem sendo feita por diversas pesquisas da UNESCO na área (ABRAMOVAY e RUA, 2002; ABRAMOVAY e CASTRO, 2003).

2.2.4 Mobilidade

Estudos sobre mobilidade social buscam compreender o trânsito de contingentes da população dentro do sistema de classes sociais de uma geração para outra (mobilidade intergeracional) ou na mesma geração (mobilidade intrageracional). Tais estudos tiveram impulso com a iniciativa do IBGE de incluir um questionário suplementar na PNAD de 1973, com perguntas versando sobre a mobilidade social.

A pesquisa aqui abordada contempla a mobilidade sob dois enfoques clássicos a respeito do tema: o da mobilidade intergeracional e o da mobilidade intrageracional. A análise por meio do primeiro enfoque se apóia em informações sobre o *status* socioeconômico dos pais do professor, obtido a partir do seu nível de escolaridade. Essas informações são complementadas com a avaliação do professor sobre a sua situação econômica, comparada com a de seus pais quando ele era criança, e com o enfoque da mobilidade intrageracional baseado nas informações sobre o tipo de escola freqüentada pelos seus filhos.

Conforme já mencionado anteriormente, o grau de escolaridade predominante entre os pais dos docentes é o fundamental incompleto, abarcando 50,2% dos pais e 48,8% das mães dos professores (Tabela 11). Há consenso entre os docentes, independentemente do montante de sua renda familiar, de que eles desfrutam de uma situação melhor que a dos seus pais, numa proporção pouco abaixo de dois terços. No total, cerca de 21% se consideram em situação igual, 14,6% em situação pior e 64,4% em situação melhor.

O fato de morar em uma ou outra região parece não interferir significativamente no modo como avaliam sua situação econômica em relação à dos seus pais. A porcentagem dos que se consideram em situação melhor que a de seus pais varia de 60,4% na região Sul a 67,9%

na região Norte. Os professores que vivem nas regiões Nordeste e Centro-Oeste fazem avaliações muito semelhantes às de seus colegas da região Norte (67,6% e 67,5%, respectivamente).

TABELA 25 – Proporção de professores, por renda familiar mensal, segundo situação econômica intergeracional[1] – 2002

Situação econômica intergeracional	Renda familiar mensal					Total
	Até 2 salários mínimos	Mais de 2 a 5 salários mínimos	Mais de 5 a 10 salários mínimos	Mais de 10 a 20 salários mínimos	Mais de 20 salários mínimos	
Melhor	60,1	62,5	63,9	69,1	61,0	64,4
Igual	21,7	20,0	20,7	21	27,0	21,0
Pior	18,2	17,5	15,3	9,9	12,1	14,6
Total	100,0	100,0	100,0	100,0	100,0	100,0

Fonte: UNESCO, Pesquisa de Professores, 2002.
Notas: Foi perguntado aos professores: *A sua atual situação econômica, em relação à de seus pais quando o(a) sr.(a) era criança, é –*
(1) Dados expandidos.

É entre os professores da região Sul que são verificados maiores percentuais dos que avaliam sua situação como pior que a de seus pais (18,3%), enquanto entre os da região Sudeste há maior incidência dos que avaliam sua situação como igual (22,3%).

TABELA 26 – Proporção de professores, por região geográfica onde leciona, segundo situação econômica intergeracional[1] – 2002

Situação econômica intergeracional	Região geográfica					Total
	Norte	Nordeste	Centro-oeste	Sudeste	Sul	
Melhor	67,9	67,6	67,5	63,4	60,4	64,6
Igual	17,9	19,4	18,2	22,3	21,3	20,9
Pior	14,1	13,0	14,2	14,3	18,3	14,6
Total	100,0	100,0	100,0	100,0	100,0	100,0

Fonte: UNESCO, Pesquisa de Professores, 2002.
Notas: Foi perguntado aos professores: *A sua atual situação econômica, em relação à de seus pais quando o(a) sr.(a) era criança, é?*
(1) Dados expandidos.

A avaliação de que se encontram em uma situação melhor que a de seus pais, indicativa de uma mobilidade intergeracional ascendente no âmbito da família, está influenciada, possivelmente, pelo diferencial de escolaridade dos professores em relação a seus pais. Esse diferencial pode ser atribuído, em boa medida, ao aumento de exigências educacionais para o preenchimento das ocupações[16]. Isso significa que, se os docentes não tivessem aumentado, substancialmente, seu nível de escolaridade em relação ao dos seus pais, estariam sujeitos a uma mobilidade descendente, sobretudo no meio urbano (FILMUS, 1996). O fato de exercerem uma profissão com exigência de qualificação escolar deve, em alguma medida, se somar e interferir na avaliação extremamente positiva que fazem da sua situação econômica, quando comparada à dos seus pais.

Nesta pesquisa, além da mobilidade intergeracional entre os docentes e seus pais, aferiu-se a existência de uma mobilidade entre os professores e seus filhos. Para tanto, levantaram-se informações sobre o histórico acadêmico dos docentes e de seus filhos, buscando-se, com isso, sinais de possíveis diferenças socioeconômicas que, no futuro, marcariam essas gerações.

Em relação aos filhos dos docentes, constata-se que 54,0% deles estão matriculados na rede privada de ensino. A renda familiar parece interferir nessa tendência. Enquanto 22,8% dos filhos dos professores com renda familiar de até dois salários mínimos estudam em escolas privadas, esse percentual sobe para 86,7% junto aos professores que têm renda familiar acima de 20 salários mínimos.

Apesar dos baixos salários dos docentes, os dados sinalizam para um esforço dos professores em manter seus filhos em escolas particulares, o que, em alguma medida, deve estar relacionado com a crença no potencial da educação privada como instrumento de mobilidade social.

Essa opção de dirigir os filhos para escolas privadas confirma o apresentado em pesquisa realizada por Oliveira e Schwartzman (2002) que, ao discutirem as características das escolas eficazes e as diferenças entre as escolas públicas e privadas, afirmam que os professores das escolas públicas, por perceberem o impacto dessas diferenças, preferem

[16] Observar que há outros fatores que podem ter interferido nesse quadro, que diferencia tanto o nível de escolaridade dos professores do de seus pais, além da exigência do próprio mercado de trabalho, como a maior oferta de vagas nas escolas públicas.

matricular seus filhos em escolas privadas. Ao mesmo tempo, essa preferência indica que os professores estão incluídos em mecanismos sociais descritos por Pastore (2000), que afirma que para grande parcela da população a educação do próprio filho transformou-se no capital necessário para a mobilidade.

TABELA 27 – Proporção de professores, por renda familiar mensal, segundo dependência administrativa da escola freqüentada pelo filho durante o ensino fundamental[1] – 2002

Dependência administrativa	Renda familiar mensal					Total
	Até 2 salários mínimos	Mais de 2 a 5 salários mínimos	Mais de 5 a 10 salários mínimos	Mais de 10 a 20 salários mínimos	Mais de 20 salários mínimos	
Público	75,2	58,0	45,5	25,4	13,3	44,0
Privado	22,8	40,6	53,1	73,0	86,7	54,0
Outras	2,0	1,4	1,4	1,6	0,0	1,4
Total	100,0	100,0	100,0	100,0	100,0	100,0

Fonte: UNESCO, Pesquisa de Professores, 2002.
Notas: Foi perguntado aos professores: *Em que tipo de escola seu/sua filho(a) estuda? (caso tenha mais de um(a) filho(a), fale sobre o(a) mais novo(a)*
(1) Dados expandidos.

2.3 OS PROFESSORES SEGUNDO ESCOLARIDADE, HABILITAÇÃO E SITUAÇÃO PROFISSIONAL

A Lei de Diretrizes e Bases, de 1996, elaborada como resposta às novas exigências educacionais da sociedade brasileira ao final do século XX, colocou em pauta a necessidade de reconstrução do perfil do professor. O vigorar de tal legislação desencadeou um processo de reformulação dos diversos cursos voltados para a formação inicial dos professores da educação básica, ampliando também o leque de instituições responsáveis em desenvolver a referida tarefa (nível médio, modalidade normal; nível superior – pedagogia e licenciaturas e Institutos Superiores de Educação)[17].

[17] No Brasil, o curso de ensino médio na modalidade normal tem duração mínima de 3.200 horas, cumpridas em quatro anos letivos, em jornada diária de tempo parcial, ou três anos letivos, em jornada diária de tempo integral (Resolução nº 02/1999, CNE/CEB).

De um modo geral, após a LDB, os documentos das instituições formadoras convergem para uma qualificação que possa desenvolver no professor o exercício de uma cidadania ativa e inclusiva[18]. Segundo Lüdke (2001), o componente da reflexão passou a ser considerado imprescindível para a formação do bom desempenho do trabalho desenvolvido pelo docente.

Assim, não basta delinear o profissional que se deseja, mas compreender e atentar para o profissional que existe, como alerta Arroyo (1999: 145):

> Não é ingênuo pensar que as atribuições listadas em cada nova lei, nova política, novo parecer, possam, por um passe de mágica, alterar o histórico ofício de mestre que os professores repetem? É curioso com que facilidade cada lei ou parecer lista novas atribuições com a pretensão de formar um novo perfil, mais moderno e atualizado de educador. O grave não é, apenas essa ingênua pretensão. O grave é confundir a função histórica de educador com detalhes, com capacidades de elaborar o projeto da escola, por exemplo, ou com aprender as técnicas de condução de uma reunião com as famílias, ou aprender novos critérios de enturmação, de avaliação, de aceleração. É grave porque distraídas as leis e os pareceres com detalhes, os currículos, as pesquisas e as políticas de formação não chegam no cerne do ofício de mestres do papel social do educador, do que é a qualidade constitutiva, do que é historicamente identitário do pensar e agir educativos. É isso que deve ser formado e qualificado. Outra concepção e outra prática de formação.

Entretanto, Kuenzer (1999) chama a atenção para o fato de que, na prática, as políticas de formação inviabilizam a construção da identidade do professor como cientista da educação para constituí-lo como tarefeiro, dado o aligeiramento e a desqualificação de sua formação.

---

[18] Para Rodrigues (2001: 236), cidadania "recebe sua definição do conjunto semântico que a expressão *exercício da cidadania* carrega. O texto constitucional sugere que o conceito de cidadania resulta de uma função social – a prática da cidadania – onde o seu significado emerge. Similar a todo conteúdo semântico, ele só é plenamente compreendido na relação com a vida social. Por seu lado, é o ato concreto do exercício de cidadania que dá sentido ao termo cidadão".

Neste campo, configura-se o desafio para a construção de políticas públicas referentes à formação e à valorização do magistério. Conhecer como esse profissional tem se constituído em professor no Brasil e em que condições ele vem atuando faz-se oportuno, na medida em que se podem subsidiar tanto os pressupostos político-pedagógicos dos cursos de formação inicial e continuada, as suas estruturas e organizações curriculares como também os aspectos referentes a carreira, salários e dignidade profissional.

Com essas preocupações, o presente item aborda a escolaridade, a habilitação e a situação profissional dos professores, fazendo uma correlação dos dados encontrados com as demais variáveis abordadas ao longo do capítulo, assim como gênero, idade, distribuição geográfica, renda familiar e mobilidade social. Apresentam-se, também, algumas opiniões dos professores sobre os temas correlacionados.

2.3.1 Escolaridade e Habilitação dos Professores

Ao se verificar em que tipo de escola os professores estudaram, nota-se que a maior parte da trajetória escolar deu-se em escolas da rede de ensino oficial. Mais de 4/5 dos docentes fizeram o ensino fundamental em escolas públicas. No que diz respeito ao ensino médio, 69,2% deles também afirmam tê-lo feito em instituição pública.

TABELA 28 – Proporção de professores segundo a dependência administrativa da escola que estudou durante o ensino fundamental e médio[1] – 2002

Dependência administrativa	Nível de ensino	
	Ensino fundamental	Ensino médio
Públicas	81,3	69,2
Privadas	18,6	30,8
Total	100,0	100,0

Fonte: UNESCO, Pesquisa de Professores, 2002.
Notas: Foi perguntado aos professores: *A maior parte de sua educação fundamental e média foi feita em escolas: (Marque com um X a opção correspondente em cada caso)*
(1) Dados expandidos.

O quadro atual demonstra que é o espaço público o lugar privilegiado de produção e formação docente. Os professores, em certa medida já trazem uma familiaridade com o universo em que trabalham, pois lá foram alunos. Tal fato, como apontou Tardif e Raymond (2000), traria elementos constitutivos do exercício da função docente, úteis no contexto da sua profissão e da sala de aula. Entretanto, freqüentemente, percebe-se que mesmo esses professores têm problemas para lidar com a realidade que enfrentam na escola.

A formação inicial de praticamente metade dos professores brasileiros foi obtida em instituições públicas de ensino (50,2%) e, portanto, gratuitas. A Tabela 29 apresenta dados sobre a crescente participação de instituições públicas de ensino ao longo da carreira dos docentes, computando-se desde o local onde obtiveram sua titulação até onde iniciaram sua prática docente e, por fim, onde trabalham atualmente. De cada dez docentes, sete começaram sua carreira em uma instituição pública e, atualmente, cerca de oito trabalham nesse tipo de escola.

TABELA 29 – Proporção de professores, segundo a dependência administrativa da escola em que obtiveram titulação, iniciaram a carreira e atuam no momento[1] – 2002

Dependência administrativa	Etapas		
	Formação	Início de carreira	Trabalho atual
Público	50,2	70,4	82,3
Privado	49,8	29,6	17,7
Total	100,0	100,0	100,0

Fonte: UNESCO, Pesquisa de Professores, 2002.
Notas: Foi perguntado aos professores: *Qual o tipo de estabelecimento lhe conferiu o título para a prática da docência?*
Em que tipo de escola o(a) sr.(a) iniciou sua carreira como professor?
A escola em que o(a) sr.(a) trabalha é:...
(1) Dados expandidos.

Sobre a educação superior dos professores, 67,6% deles afirmam ter concluído este nível de ensino – sendo que 61,9% o fizeram com formação pedagógica, ou seja, estão licenciados para a função que desempenham. Os docentes com apenas o ensino médio somam 32,3%, sendo que, dessa parcela, 83% têm formação pedagógica (modalidade normal)[19].

[19] A Lei de Diretrizes e Bases da Educação Nacional de 1996 determina, no Artigo 62, que "A formação de docentes para atuar na educação básica far-se-á em nível superior, em curso de

A formação do professor em nível médio ou superior constitui variável correlacionada com sua renda familiar. Como pode ser visto na Tabela 30, é considerável a diferença de renda entre os professores com formação de nível médio e os que têm formação de nível superior. Enquanto pouco mais da metade dos docentes com ensino médio (com e sem formação pedagógica) tem renda familiar inferior a cinco salários mínimos (52,7% e 56,6%, respectivamente), menos da terça parte daqueles com ensino superior (com e sem formação pedagógica) está nessa situação (23,8% e 26,7%, respectivamente). Nas faixas de renda mais elevadas, de 10 a 20 salários mínimos e de mais de 20 salários mínimos, o percentual de professores com ensino superior (35,9% para os com formação pedagógica e 32,6% para os sem essa formação) é cerca do dobro do observado entre os que possuem apenas o ensino médio (18,4% e 15,5% para os com e os sem formação pedagógica, respectivamente), independentemente da formação pedagógica.

TABELA 30 – Proporção de professores, por habilitação, segundo a renda familiar mensal[1] – 2002

Renda familiar mensal	Habilitação				Total
	Ensino médio com formação pedagógica (ensino normal)	Ensino médio sem formação pedagógica	Ensino superior com formação pedagógica (licenciatura)	Ensino superior sem formação pedagógica	
Até 2 salários mínimos	10,8	11,3	1,3	3,3	4,5
Mais de 2 a 5 salários mínimos	41,9	45,3	22,5	23,4	29,0
Mais de 5 a 10 salários mínimos	29,0	27,9	40,5	40,7	36,7
Mais de 10 a 20 salários mínimos	14,9	12,5	28,4	25,3	23,7
Mais de 20 salários mínimos	3,5	3,0	7,5	7,3	6,1
Total	100,0	100,0	100,0	100,0	100,0

Fonte: UNESCO, Pesquisa de Professores, 2002.
Notas: Foi perguntado aos professores: *Qual é, aproximadamente, a renda mensal da sua família?*
(1) Dados expandidos.

licenciatura, de graduação plena, em universidades e institutos superiores de educação, admitida como formação mínima para o exercício do magistério na educação infantil e nas quatro primeiras séries do ensino fundamental, a oferecida em nível médio na modalidade normal".

A respeito do tipo de estabelecimento que conferiu o título para a prática docente, observa-se que a titulação de pouco mais da metade dos professores (50,2%) foi concedida por instituições públicas de ensino (Tabela 31). Comparando os percentuais de docentes que se titularam em escolas públicas e privadas, segundo o tipo de habilitação declarada, verifica-se que a proporção de professores que se titularam em instituições públicas de ensino é maior entre os professores com apenas o ensino médio – independentemente do fato de ser com ou sem formação pedagógica (67,4% e 64,5%, respectivamente) – do que a registrada pelos professores com ensino superior (41,6% dos que têm formação pedagógica e 45,5% dos que não têm). Para esse último grupo, é importante ressaltar a maior participação das instituições privadas, principalmente para os que possuem licenciatura (58,4%).

TABELA 31 – Proporção de professores, por dependência administrativa da instituição onde obteve a titulação, segundo habilitação[1] – 2002

Habilitação	Dependência administrativa		Total
	Público	Privado	
Ensino médio com formação pedagógica (ensino normal)	67,4	32,6	100,0
Ensino médio sem formação pedagógica	64,5	35,6	100,0
Ensino superior com formação pedagógica (licenciatura)	41,6	58,4	100,0
Ensino superior sem formação pedagógica	45,5	54,5	100,0

Fonte: UNESCO, Pesquisa de Professores, 2002.
Notas: Foi perguntado aos professores: *Qual a sua habilitação?*
(1) Dados expandidos.

Confirmando os dados expostos neste item, o estudo "Estatísticas dos Professores do Brasil", publicado pelo MEC/INEP em 2003, explicita o fato de que o setor público ainda é o grande detentor da formação de professores no país, no nível médio. O trabalho mostra que existem 2.641 escolas de nível médio (modalidade normal) formando professores para a educação infantil e para as séries iniciais do ensino fundamental, das quais 2.050 são públicas. A grande maioria está localizada na região Nordeste (1.174 estabelecimentos). No que se refere aos cursos de graduação com licenciatura, para a formação de professores de 5ª a 8ª séries do ensino fundamental e do ensino médio, na rede pública existem 3.116 cursos, contra 2.764 da rede privada, desvendando-se a significativa presença do setor privado nas graduações de Pedagogia.

Os dados levantados pela pesquisa revelam, entretanto, que, em grande parte, a habilitação docente está em conformidade com o definido pela legislação em vigor. Os professores sem formação pedagógica – tanto de formação superior quanto de formação média – são, majoritariamente, os professores com poucos anos de profissão. No caso dos professores com ensino médio, 51,9% têm menos de 10 anos de trabalho, sendo 20,1% desses com menos de 5 anos de profissão. Entre os professores com ensino superior, 54,7% têm menos de 10 anos de profissão, sendo 18,2% o percentual dos que não possuem ainda 5 anos de magistério (Tabela A4)

Como se percebe na Tabela 32, do total dos professores que lecionam no ensino médio, 80,3% estão habilitados para o trabalho, de acordo com o estipulado pela LDB. Dentre os pesquisados prevalecem os docentes com habilitação superior com formação pedagógica, 60,3% no ensino fundamental e 80,3% no ensino médio.

TABELA 32 – Proporção de professores, por nível de ensino de atuação, segundo a habilitação[1] – 2002

Habilitação	Nível de ensino	
	Ensino fundamental	Ensino médio
Ensino médio com formação pedagógica (ensino normal)	29,0	9,3
Ensino médio sem formação pedagógica	5,5	3,5
Ensino superior com formação pedagógica (licenciatura)	60,3	80,3
Ensino superior sem formação pedagógica	5,1	6,9
Total	100,0	100,0

Fonte: UNESCO, Pesquisa de Professores, 2002.
Notas: Foi perguntado aos professores: *Qual a sua habilitação?*
(1) Dados expandidos.

A análise por região geográfica indica que a região Norte (14,8%) e a região Centro-Oeste (14,2%) são as que mais possuem professores sem a habilitação para o exercício do magistério (Tabela A.5). Outra diferença espacial é a estabelecida segundo o tamanho das cidades. Muito embora as cidades com até 5 mil habitantes contabilizem 1,6% dos professores brasileiros, elas respondem por 9,0% dos docentes com ensino médio sem formação pedagógica. Nas cidades com mais de 500 mil habitantes, onde trabalham 22,2% do total dos professores brasileiros, registram-se 3,4% dos docentes com ensino médio sem formação pedagógica, o que representa, aproximadamente, 12.568 professores.

TABELA 33 – Proporção de professores, por porte do município, segundo a habilitação[1] – 2002

Habilitação	Porte do município							Total
	Até 5.000	de 5.001 a 10.000	de 10.001 a 20.000	de 20.001 a 50.000	de 50.001 a 100.00	de 100.001 a 500.00	Mais de 500.00	
Ensino médio com formação pedagógica (ensino normal)	47,4	35,4	35,1	26,9	24,9	22,7	21,6	26,8
Ensino médio sem formação pedagógica	9,0	11,0	5,9	6,4	3,2	5,2	3,4	5,5
Ensino superior com formação pedagógica (licenciatura)	41,0	49,9	55,1	59,6	66,6	65,1	69,3	61,9
Ensino superior sem formação pedagógica	2,6	3,7	3,9	7,1	5,3	7,1	5,7	5,7
Total	100,0	100,0	100,0	100,0	100,0	100,0	100,0	100,0

Fonte: UNESCO, Pesquisa de Professores, 2002.
Notas: Foi perguntado aos professores: *Qual a sua habilitação?*
(1) Dados expandidos.

Também a análise relacionando a habilitação profissional com a idade revela resultados importantes. De acordo com a Tabela A6, constata-se que os professores com até 35 anos de idade correspondem a mais da metade dos professores com ensino médio sem formação pedagógica e 43,8% daqueles com ensino superior sem formação pedagógica.

TABELA 34 – Proporção de professores, por habilitação, segundo o tempo de magistério[1] – 2002

Tempo de magistério	Habilitação				Total
	Ensino médio com formação pedagógica (ensino normal)	Ensino médio sem formação pedagógica	Ensino superior com formação pedagógica (licenciatura)	Ensino superior sem formação pedagógica	
Até 5 anos	14,4	20,1	11,5	18,2	13,1
De 6 a 10 anos	25,7	31,8	26,2	36,5	27
De 11 a 15 anos	20,5	20,5	21,4	16,8	20,8
De 16 a 20 anos	17,4	14,0	18,8	12,4	17,8
De 21 a 25 anos	14,3	8,0	12,2	10,2	12,4
Mais de 25 anos	7,7	5,7	9,9	5,8	8,9
Total	100,0	100,0	100,0	100,0	100,0

Fonte: UNESCO, Pesquisa de Professores, 2002.
Notas: Foi perguntado aos professores: *Há quantos anos o(a) sr.(a) é professor?*
(1) Dados expandidos.

Quando os dados sobre a situação econômica dos professores são organizados em função da habilitação (Tabela 35), percebe-se que os docentes com ensino superior sem formação pedagógica (69,9%) tendem mais fortemente a acreditar que terão uma situação econômica melhor nos próximos anos. Entre os professores com ensino superior e formação pedagógica (25,7% deles) é que são encontrados os maiores índices de pessimismo frente ao futuro.

TABELA 35 – Proporção de professores, por habilitação, segundo opinião sobre a situação econômica daqui a 5 anos[1] – 2002

Opinião sobre a situação econômica daqui a 5 anos	Habilitação				Total
	Ensino médio com formação pedagógica (ensino normal)	Ensino médio sem formação pedagógica	Ensino superior com formação pedagógica (licenciatura)	Ensino superior sem formação pedagógica	
Melhor	64,0	65,7	54,6	70,0	58,5
Igual	17,2	19,4	19,7	15,0	18,7
Pior	18,8	14,9	25,7	15,0	22,8
Total	100,0	100,0	100,0	100,0	100,0

Fonte: UNESCO, Pesquisa de Professores, 2002.
Notas: Foi perguntado aos professores: *Como o(a) sr.(a) acha que estará sua situação econômica daqui a 5 anos?*
(1) Dados expandidos.

A maioria dos docentes (27%) declara ter entre seis e dez anos de serviço, sendo que grande parte tem curso superior sem formação pedagógica (36,5%). Exclusivamente 8,9% têm mais de 25 anos de profissão (Tabela 34), sugerindo que os professores aposentam-se no limite mínimo permitido por lei (mínimo de 30 anos de serviço para homens e 25 anos para as mulheres). Em pesquisa realizada pela Confederação Nacional dos Trabalhadores em Educação (CNTE, 2003), o tempo médio de serviço dos professores é avaliado em 15 anos.

Finalizando, cabe registrar, que o Brasil, no que se refere à formação inicial (habilitação para a profissão), segue tendência mundial[20]. Siniscalco (2003) aponta que, dos 83 países que forneceram dados sobre a qualificação de professores para a Avaliação EPT 2000 (UNESCO/Institute of Statistics, 2000), um terço relatou que todos os seus professores "primários" (séries iniciais do ensino fundamental) têm, pelo menos, as qualificações acadêmicas mínimas exigidas pelas autoridades nacionais para lecionar nesse segmento. Os dados da UNESCO apontam ainda que, na maioria dos países menos desenvolvidos, a quase totalidade dos professores dos primeiros níveis tem, no máximo, qualificação para lecionar nas séries iniciais do ensino.

2.3.2 Situação Profissional

Analisando os dados sobre o início da carreira docente, observa-se que ela tende a começar cedo, não raro antes da formatura. Segundo os dados apurados (Tabela 36), 53% dos professores conseguiram seu primeiro emprego antes de concluir seus cursos de habilitação, o que pode ser decorrência da obrigatoriedade do estágio como prática docente. Outros 20,5% ingressaram no mercado de trabalho no máximo seis meses após serem habilitados[21].

[20] A pesquisa do CNTE (2003) aponta 90% dos professores habilitados para o cargo que exercem.

[21] Segundo o documento "Estatísticas dos Professores no Brasil" (MEC/INEP, 2003), em se mantendo o cenário de políticas para a regularização do fluxo escolar, em 2006 existirá uma redução de 150 mil postos de trabalho para professores das séries iniciais do ensino fundamental. Já no ensino fundamental de 5ª a 8ª séries, também para atender à demanda de correção de fluxo, serão necessários mais de 98 mil novos empregos e no ensino médio, pelo seu processo de expansão, serão necessários 125.000 novos docentes.

TABELA 36 – Proporção de professores, segundo o tempo em que conseguiu o primeiro emprego como docente[1] – 2002

Tempo em que conseguiu o primeiro emprego como docente	Proporção (%)
Antes de receber o título	53,0
Menos de seis meses depois de receber o título	20,5
De seis meses a um ano depois de receber o título	8,3
De um a dois anos depois de receber o título	7,5
Mais de dois anos depois de receber o título	10,6
Total	100,0

Fonte: UNESCO, Pesquisa de Professores, 2002.
Notas: Foi perguntado aos professores: *Quanto tempo depois de receber seu título o(a) sr.(a) conseguiu seu primeiro emprego como docente?*
(1) Dados expandidos.

A expansão do ensino público transforma o magistério em ocupação na qual ocorre relativamente rápida inserção no mercado de trabalho. A maioria dos professores iniciou a carreira em escolas públicas (70,3%), enquanto 28,2% começaram a trabalhar em escolas privadas. Atualmente, a maioria dos professores trabalha em escolas públicas (82,2%) e o restante afirma atuar em escolas privadas.

TABELA 37 – Proporção de professores, segundo a dependência administrativa da escola onde iniciou a carreira docente e onde trabalha atualmente[1] – 2002

Dependência administrativa	Início da carreira	Trabalha atualmente
Pública	70,3	82,2
Privada	28,2	17,8
Outras[2]	1,4	...
Total	100,0	100,0

Fonte: UNESCO, Pesquisa de Professores, 2002.
Notas: Foi perguntado aos professores: *Em que tipo de escola o(a) sr.(a) iniciou sua carreira como professor? A escola em que o(a) sr.(a) trabalha é?*
(1) Dados expandidos.
(2) Comunitárias, de ONG's e/ou movimentos sociais.

No que se refere à quantidade de horas semanais em que atuam em sala de aula (Tabela 38), verifica-se que a maior proporção dos professores cumpre de 21 a 40 horas (54,2%). Os que trabalham de 1 a 20 horas apresentam proporção de quase um terço (30,9%) e 14,8% dos professores trabalham mais de 40 horas semanais.

TABELA 38 – Proporção de professores, segundo a quantidade de horas semanais despendidas dentro de sala de aula[1] – 2002

Horas despendidas em sala de aula	Proporção (%)
De 1 a 20 horas/aula	30,9
De 21 a 40 horas/aula	54,2
Mais de 40 horas/aula	14,8
Total	100,0

Fonte: UNESCO, Pesquisa de Professores, 2002.
Notas: Foi perguntado aos professores: *Atualmente, quantas horas semanais o(a) sr.(a) atua em sala de aula?*
(1) Dados expandidos.

De acordo com o levantamento realizado, a maioria dos professores afirma trabalhar em apenas *uma escola*, 58,5% – 971.475 professores. Os que trabalham em *duas escolas* são 32,2% e os que trabalham em *três escolas* somam 6,3%. Encontra-se, ainda, uma porcentagem significativa – 2,9% – de professores que trabalham em *quatro ou mais escolas*, o que representa 48.574 professores (Tabela A7)

Constata-se a tendência de professores do sexo feminino trabalharem em uma só escola (62,1%). Essa prevalência se mantém nas análises por região e por nível de ensino.

Quanto ao número de alunos que os professores possuem sob sua responsabilidade, o número total varia principalmente segundo o nível de ensino considerado.

TABELA 39 – Proporção de professores, por nível de ensino em que atua, segundo o número de alunos[1] – 2002

Número de alunos	Nível de ensino	
	Ensino fundamental	Ensino médio
Até 40	23,3	1,5
De 41 a 100	16,2	4,6
De 101 a 200	16,6	15,9
De 201 a 300	13,9	17,8
De 301 a 400	11,3	18,1
De 401 a 500	7,2	14,7
De 501 a 600	4,1	9,8
Mais de 600	7,4	17,7
Total	100,0	100,0

Fonte: UNESCO. Pesquisa de Professores, 2002.
Notas: Foi perguntado aos professores: *No total,quantos alunos o(a) sr.(a) tem aproximadamente?*
(1) Dados expandidos

No ensino fundamental encontram-se, na proporção mais elevada, 23,3% dos professores com até 40 alunos. Já no ensino médio as proporções mais elevadas são de 17,8% dos professores que possuem entre 201 e 300 alunos e 17,7% dos que possuem mais de 600 alunos, o que deve ser o caso dos professores que lecionam uma disciplina em várias turmas, numa mesma escola e, também, em outras escolas.

2.3.2.1 Situação Funcional dos Professores das Escolas Públicas

Considerando que 82,2% dos professores estão nas escolas públicas e que tal inserção traz características bastante específicas, o estudo abordará, a seguir, a situação funcional desses docentes de forma particular. Cabe registrar que, de 1996 para 2000, existiu um aumento expressivo de 34,2% do número de docentes no ensino fundamental de 5ª a 8ª séries nas redes públicas, enquanto no ensino médio o aumento foi de 50,8% (MEC/INEP, 2003).

A situação funcional dos docentes que atuam em escolas públicas aponta para mais da metade na categoria de concursados (66,1%). Há ainda 9,2 % dos professores efetivos sem concurso. Contudo, o contrato temporário apresenta proporção expressiva, uma vez que se considera que este trabalho está vinculado ao setor público – 19,1 % dos professores que atuam em escolas públicas estão submetidos a esse tipo de contrato de trabalho.

TABELA 40 – Proporção de professores da rede pública, segundo o tipo de vínculo institucional mantido com a escola[1] – 2002

Vínculo institucional	Proporção (%)
Efetivo concursado	66,1
Efetivo sem concurso	9,2
Contrato temporário	19,1
Contrato CLT	5,7
Total	100,0

Fonte: UNESCO, Pesquisa de Professores, 2002.
Notas: Foi perguntado aos professores: *Atualmente, qual é a sua situação funcional?*
(1) Dados expandidos.

O concurso para o ingresso na rede pública de ensino vem sofrendo, ao longo da história da profissionalização docente, práticas bastante controversas e distintas. Além do ingresso na carreira docente por concurso, existem hoje outras modalidades de contrato na rede pública. A acelerada expansão do ensino para as crianças e jovens não se fez acompanhada pelo aumento de concursos para os professores. Neste sentido, estar atuando na escola pública pode significar um emprego de curta ou média duração, existente para suprir as atuais deficiências da rede.

Destaca-se que a porcentagem de docentes do sexo masculino com contratos temporários (27,1%) ou contratados pela CLT (7,1%) é maior do que as registradas entre as professoras, de 17,4% e 5,4%, respectivamente (Tabela 41). Os professores parecem ser mais variantes na profissão, no que depende do contrato de trabalho a que estão submetidos na rede pública. Tal fato também pode ser atribuído a uma procura por novos postos pelos professores do sexo masculino.

TABELA 41 – Proporção de professores da rede pública, por sexo, segundo o tipo de vínculo institucional mantido com a escola[1]– 2002

Vínculo institucional	Sexo		Total
	Masculino	Feminino	
Efetivo concursado	57,6	67,9	66,1
Efetivo sem concurso	8,2	9,3	9,1
Contrato temporário	27,1	17,4	19,1
Contratado CLT	7,1	5,4	5,7
Total	100,0	100,0	100,0

Fonte: UNESCO, Pesquisa de Professores, 2002.
Notas: Foi perguntado aos professores: *Atualmente, qual é a sua situação funcional?*
(1) Dados expandidos.

Como pode ser observado na Tabela 42, a porcentagem de professores concursados é maior nas faixas de tempo mais elevadas (acima de 5 anos de profissão), o que também é verificado para o caso dos professores efetivos sem concurso. No caso dos contratos temporários, ocorre exatamente o inverso, ressaltando-se, mais uma vez, o caráter provisório e precário desse vínculo profissional mais afeto aos mais jovens na profissão.

TABELA 42 – Proporção de professores da rede pública, por tempo de magistério, segundo o tipo de vínculo institucional mantido com a escola[1] – 2002

Vínculo institucional	Tempo de magistério						Total
	Menos de 5 anos	De 6 a 10 anos	De 11 a 15 anos	De 16 a 20 anos	De 21 a 25 anos	Mais de 25 anos	
Efetivo concursado	32,3	55,5	64,3	63,3	61,7	66,4	57,5
Efetivo sem concurso	7,7	7,6	6,9	16,9	24,0	13,5	11,7
Contrato temporário	46,6	23,3	12,8	9,2	3,3	6,5	17,6
Contrato CLT	13,4	13,7	16,0	10,6	10,9	13,5	13,2
Total	100,0	100,0	100,0	100,0	100,0	100,0	100,0

Fonte: UNESCO, Pesquisa de Professores, 2002.
Notas: Foi perguntado aos professores: *Atualmente, qual é a sua situação funcional?*
(1) Dados expandidos.

Em uma análise regional, verifica-se que a região Centro-Oeste possui a maior concentração de professores concursados (77,5%), percentual muito próximo do encontrado na região Sul (74,8%). A região Nordeste apresenta a maior porcentagem de professores efetivos sem concurso (21,3%); na região Norte está a maior porcentagem de professores com contratos temporários (29,0%) e, na região Sul, registra-se a maior porcentagem de professores contratados pelo regime da CLT (10,5%).

TABELA 43 – Proporção de professores da rede pública, por região geográfica, segundo o vínculo institucional mantido com a escola[1] – 2002

Vínculo institucional	Região geográfica					Total
	Norte	Nordeste	Centro-Oeste	Sudeste	Sul	
Efetivo concursado	52,2	63,3	77,5	64,6	74,8	66,1
Efetivo sem concurso	16,7	21,3	3,5	3,7	4,4	9,2
Contrato temporário	29,0	12,3	16,1	25,4	10,2	19,1
Contratado CLT	2,2	3,1	2,9	6,3	10,5	5,7
Total	100,0	100,0	100,0	100,0	100,0	100,0

Fonte: UNESCO, Pesquisa de Professores, 2002.
Notas: Foi perguntado aos professores: *Atualmente, qual é a sua situação funcional?*
(1) Dados expandidos.

O tipo de vínculo profissional dos professores das escolas públicas também se diferencia segundo o nível de ensino em que o docente atua, como pode ser visto na Tabela 44. Como já apontado anteriormente, chamam a atenção as porcentagens de docentes com contratos temporários no ensino fundamental e no ensino médio – 18,5 % e 23,4% respectivamente –, visto que esses níveis têm sido, nos últimos anos, alvos da intervenção governamental, tanto para a ampliação da oferta quanto para a qualificação dos cursos ofertados.

TABELA 44 – Proporção de professores da rede pública, por nível de ensino em que atua, segundo o tipo de vinculo institucional mantido com a escola[1] – 2002

Vínculo institucional	Nível de ensino	
	Ensino fundamental	Ensino médio
Efetivo concursado	66,4	62,2
Efetivo sem concurso	9,4	7,1
Contrato temporário	18,5	23,4
Contrato CLT	5,7	7,2
Total	100,0	100,0

Fonte: UNESCO, Pesquisa de Professores, 2002.
Notas: Foi perguntado aos professores: *Atualmente, qual é a sua situação funcional?*
(1) Dados expandidos.

Verifica-se também que, a depender do tipo de vínculo a que o professor da rede pública está submetido, existe maior ou menor possibilidade de se dedicar a uma outra atividade remunerada (Tabela 45). Dos professores pesquisados, 12,7% têm uma outra atividade remunerada e 87,3% declaram não possuir outro trabalho[22]. São os professores com contratos regidos pela CLT os que mais se dedicam a uma outra atividade remunerada (16,5%), seguidos pelos docentes com contratos temporários (14,9%) e pelos efetivos sem concurso (12,6%). Dos professores efetivos concursados, 11,8% declaram desenvolver outra atividade remunerada.

[22] Dos entrevistados pelo levantamento da CNTE, 16,5% disseram exercer outro trabalho remunerado.

TABELA 45 – Proporção de professores da rede pública, por vínculo institucional mantido com a escola, segundo a realização de outro trabalho remunerado[1] – 2002

Realiza outro trabalho remunerado	Vínculo institucional				Total
	Efetivo concursado	Efetivo sem concurso	Contrato temporário	Contrata do CLT	
Sim	11,8	12,6	14,9	16,5	12,7
Não	88,2	87,4	85,1	83,6	87,3
Total	100,0	100,0	100,0	100,0	100,0

Fonte: UNESCO, Pesquisa de Professores, 2002.
Notas: Foi perguntado aos professores: *Hoje, além da atividade docente, o(a) sr.(a) realiza outro trabalho remunerado?*
(1) Dados expandidos.

Ainda a respeito do exercício de outra atividade remunerada, verifica-se que são os professores que têm o ensino superior (sem formação pedagógica) os que proporcionalmente mais possuem outra atividade (24,5%), enquanto os que possuem ensino médio (com formação pedagógica) são os que declaram, em menor proporção (10,8%), possuir outra atividade remunerada (Tabela A8).

2.4. OS PROFESSORES SEGUNDO SUAS PRÁTICAS CULTURAIS

Os dados sobre a relação dos docentes com a cultura adquirem especial relevância, pois trazem à tona dimensões da vida social cuja consideração pode alargar a compreensão da educação e do papel dos educadores na sociedade.

A prática educativa pode estar voltada não apenas para o trabalho, mas também para a formação da pessoa no sentido mais amplo, o que inclui a estética e o ético, entre outras dimensões da vida. Desse modo, além das análises sobre o consumo cultural dos professores, mais recentemente tem-se percebido a importância de se conhecer suas preferências e atividades culturais. Isso porque, se a escola é concebida como centro de formação, é esperado que as atividades ligadas à cultura, como música, literatura, teatro, cinema, entre outras, sejam partes importantes do processo educativo.

Segundo Bourdieu e Passeron (1964), o capital cultural dos indivíduos, isto é, as competências culturais e lingüísticas herdadas dentro dos limites da classe social a que pertencem seus familiares, constituem elementos importantes para o desempenho escolar. No bojo desse referencial, uma série de estudos (NOGUEIRA e CATANI, 1998) vem apontar as influências do capital cultural na trajetória escolar, rompendo o mito do dom ou das qualidades inatas para o sucesso escolar.

No caso brasileiro, segundo Canen (1997b), há uma associação entre o consumo e o capital cultural na formação de identidades sociais. Identidades que são construídas pelo acesso a bens econômicos e culturais por parte dos diferentes grupos, em que os determinantes de classe social, raça, gênero e diversidade cultural atuam de forma marcante. A instituição escolar, segundo a autora, tem produzido a exclusão daqueles grupos cujos universos culturais não correspondem aos padrões dominantes. Baseada em literatura na área (LÜDKE e MEDIANO, 1992; CANDAU, 1995, 1997; CANEN, 1997a, 1997b, 2001 e EGGLESTON, 1993), aponta que as expectativas dos professores com relação ao desempenho de alunos de padrões culturais distintos dos dominantes são, muitas vezes, permeadas de estereótipos que se refletem em práticas docentes que, sob uma pretensa neutralidade técnica, legitimam o silenciar das diferentes "vozes" que chegam às escolas.

No entanto, em uma perspectiva crítica, a escola tem o papel de resgatar práticas culturais plurais no seu espaço, permitindo a construção de projetos pedagógicos que ressaltem a diversidade, expressando o universo dos alunos, dos professores, do entorno, enfim do universal e do particular, a fim de que seja possível uma ação pedagógica reflexiva, transformadora e não-excludente. Nessa dimensão, dispor de dados sobre as práticas culturais dos docentes, por um lado, facilita a apreensão das identidades construídas ao longo da trajetória profissional e, por outro, permite a formulação de um projeto educativo mais abrangente.

2.4.1 Participação dos Professores em Eventos e Atividades Culturais

Aos professores foi perguntado se freqüentam eventos culturais e quais as suas atividades culturais preferidas. Incluem-se nesse rol atividades de lazer e espaços de sociabilidade que, dentre uma série de outras experiências, estão também relacionados às práticas culturais da população brasileira (Tabela 46).

TABELA 46 – Proporção de professores, segundo freqüência a eventos culturais[1] – 2002

Tipo de evento	Freqüência a eventos culturais					Total
	Uma vez por semana	Uma vez por mês	Algumas vezes por ano	Uma vez no passado	Nunca	
Museus	0,9	4,1	50,4	29,8	14,8	100,0
Teatro	1,6	7,1	52,2	21,8	17,4	100,0
Exposições em centros culturais	1,8	8,7	66,1	14,8	8,6	100,0
Cinema	5,8	20,4	49,2	16,0	8,6	100,0
Fitas de vídeo	33,0	32,1	28,0	3,0	4,0	100,0
Shows de rock	0,5	2,0	15,9	19,0	62,7	100,0
Shows de música popular ou sertaneja	3,5	8,9	46,0	20,0	21,6	100,0
Concerto de música erudita ou ópera	0,7	1,7	15,1	20,5	62,1	100,0
Danceterias, bailes, bares com música ao vivo	9,9	18,1	41,7	15,4	15,0	100,0
Estádios esportivos	4,0	7,0	26,3	24,0	38,7	100,0
Clubes	11,0	16,4	43,2	16,1	13,3	100,0

Fonte: UNESCO, Pesquisa de Professores, 2002.
Notas: Foi perguntado aos professores: *O(a) sr.(a) costuma ir a algum dos seguintes eventos culturais? Com que freqüência?*
(1) Dados expandidos.

A maioria dos professores assinalou freqüentar ou usar, algumas vezes por ano (englobados aí os que freqüentam semanal ou mensalmente) a maior parte dos eventos e locais listados: museus, teatro, exposições em centros culturais, cinemas, fitas de vídeo, *show* de música popular ou sertaneja, danceterias, bailes, bares com música ao vivo e clubes.

Observa-se que uma atividade realizada normalmente no âmbito doméstico sobrepõe-se de maneira clara às demais apresentadas: 33,0% dos docentes afirmam assistir a fitas de vídeo uma vez por semana e 32,1% dizem fazê-lo uma vez por mês. O cinema, por exemplo, apresenta proporções bem inferiores: quase metade dos professores (49,2%) vão ao cinema algumas vezes por ano, 20,4% uma vez por mês e 5,8% uma vez por semana. Esse dado, se observado à luz do fato de inexistirem cinemas em diversos municípios do país, toma proporções mais significativas (IBGE, Pesquisa de Informações Básicas Municipais, 1999).

Boa parte das demais atividades tende a ter freqüência de algumas vezes ao ano. É o caso de visitas a exposições e idas ao teatro e a museus, que fazem parte da rotina de parcela dos professores. As exposições em centros culturais são freqüentadas algumas vezes por ano por 66,1% dos professores e 8,6 % dizem nunca visitá-las. Quanto às proporções verificadas para o teatro 52,2% afirmam ir algumas vezes por ano e 17,8% nunca vão ao teatro. No caso dos museus, não é muito diferente: 14,8% dos professores declaram nunca visitar museus e a maioria assinala que vai algumas vezes por ano (50,4%). Entretanto, pode-se relativizar a aparentemente pequena significância da freqüência apresentada, pois, assim como os cinemas, os teatros e centros culturais não são encontrados em todas as localidades. Essas distinções podem estar calcadas, dentre outros fatores, nas ofertas diferenciadas desses eventos e atividades culturais e na gratuidade ou no valor pago para se ter acesso a eles.

Quanto aos eventos esportivos, a freqüência de participação dos professores é, relativamente, baixa. Os estádios esportivos são freqüentados uma vez por semana por 4% dos professores, contra 38,7% que nunca vão a eles, o que deve estar relacionado com o fato de tratar-se de atividade com a qual as mulheres poucas vezes se identificam. Mas cerca da quarta parte dos professores freqüentam estádios ao menos uma vez por ano. Já os clubes são visitados algumas vezes por ano por quase metade dos professores (43,2%) e uma vez por semana por 11,0% deles. Uma parcela de 13,3% afirma nunca visitá-los. Com efeito, os clubes parecem constituir espaços de lazer e sociabilidade razoavelmente importantes.

Quando os dados são desagregados por gênero, observa-se que os homens são mais assíduos em relação aos referidos eventos do que as mulheres (Tabela A9).

A análise por renda, por seu turno (Tabela 47), pode ajudar a explicar boa parte das diferenças observadas entre os professores na freqüência a eventos culturais: elevando-se a faixa de renda familiar do professor, aumenta a sua participação na maioria dos eventos relacionados. Além disso, as menores proporções de freqüência aos eventos estão nas menores faixas de renda familiar.

TABELA 47 – Proporção de professores, por renda familiar mensal, segundo a freqüência a eventos culturais[1] – 2002

Eventos culturais	Freqüência	Renda familiar mensal					Total
		Até 2 salários mínimos	Mais de 2 a 5 salários	Mais de 5 a 10 salários	Mais de 10 a 20 salários	Mais de 20 salários	
Museus	Uma vez por semana	1,0	1,0	1,0	0,7	0,4	0,9
	Uma vez por mês	3,8	3,6	3,6	4,4	5,1	3,9
	Algumas vezes por ano	29,8	42,5	51,3	59,2	64,1	50,4
	Uma vez no passado	25,0	29,0	32,3	29,3	26,1	30,0
	Nunca	40,4	23,9	11,8	6,3	4,3	14,8
	Total	100,0	100,0	100,0	100,0	100,0	100,0
Cinema	Uma vez por semana	1,9	3,7	5,1	8,1	13,7	5,8
	Uma vez por mês	7,0	12,7	19,3	27,7	38,6	20,0
	Algumas vezes por ano	31,0	45,0	53,9	53,4	41,9	49,4
	Uma vez no passado	28,2	23,9	15,9	8,1	4,3	16,2
	Nunca	31,9	14,6	5,7	2,8	1,4	8,5
	Total	100,0	100,0	100,0	100,0	100,0	100,0
Shows de rock	Uma vez por semana	0,5	0,4	0,5	0,6	0,4	0,5
	Uma vez por mês	1,0	1,8	1,5	2,9	2,6	2,0
	Algumas vezes por ano	8,8	14,6	15,6	18,0	18,8	15,8
	Uma vez no passado	10,3	13,6	20,4	23,2	26,6	19,1
	Nunca	79,4	69,5	61,9	55,3	51,7	62,7
	Total	100,0	100,0	100,0	100,0	100,0	100,0

TABELA 47 – (continuação)

Eventos culturais	Freqüência	Renda familiar mensal					Total
		Até 2 salários mínimos	Mais de 2 a 5 salários	Mais de 5 a 10 salários	Mais de 10 a 20 salários	Mais de 20 salários	
Exposições em centros culturais	Uma vez por semana	1,0	1,7	2,1	2,0	0,7	1,9
	Uma vez por mês	6,3	7,7	8,3	9,7	10,9	8,5
	Algumas vezes por ano	49,8	59,7	69,4	69,9	73,7	66,1
	Uma vez no passado	17,9	16,4	14,6	14,0	11,7	15,0
	Nunca	25,1	14,4	5,5	4,4	2,9	8,5
	Total	100,0	100,0	100,0	100,0	100,0	100,0
Teatro	Uma vez por semana	0,5	1,6	1,7	1,5	1,1	1,5
	Uma vez por mês	3,9	6,5	5,9	8,0	12,7	6,9
	Algumas vezes por ano	31,7	43,0	54,0	61,2	64,1	52,2
	Uma vez no passado	19,0	21,4	24,2	21,7	15,2	22,0
	Nunca	44,9	27,4	14,3	7,6	6,9	17,3
	Total	100,0	100,0	100,0	100,0	100,0	100,0
Danceterias, bailes, bares com música ao vivo	Uma vez por semana	8,6	9,3	9,2	11,6	11,7	9,9
	Uma vez por mês	13,9	17,5	18,5	18,8	20,8	18,2
	Algumas vezes por ano	39,7	40,9	43,2	41,9	38,3	41,8
	Uma vez no passado	14,4	16,8	14,4	16,2	14,2	15,5
	Nunca	23,4	15,5	14,7	11,5	15,0	14,6
	Total	100,0	100,0	100,0	100,0	100,0	100,0
Shows de música popular ou sertaneja	Uma vez por semana	3,4	4,1	3,5	2,9	2,6	3,5
	Uma vez por mês	8,7	9,2	8,5	8,4	9,9	8,8
	Algumas vezes por ano	34,0	47,1	47,9	46,6	41,9	46,4
	Uma vez no passado	18,0	18,4	20,6	20,9	20,6	19,9
	Nunca	35,9	21,2	19,4	21,2	25,0	21,5
	Total	100,0	100,0	100,0	100,0	100,0	100,0

TABELA 47 – (continuação)

Eventos culturais	Freqüência	Renda familiar mensal: Até 2 salários mínimos	Mais de 2 a 5 salários	Mais de 5 a 10 salários	Mais de 10 a 20 salários	Mais de 20 salários	Total
Fitas de vídeo	Uma vez por semana	22,4	29,2	33,7	36,5	40,1	33,0
	Uma vez por mês	28,3	34,2	32,6	30,4	30,3	32,2
	Algumas vezes por ano	32,7	27,2	28,7	27,8	27,4	28,2
	Uma vez no passado	5,4	4,2	2,5	2,5	1,1	3,0
	Nunca	11,2	5,2	2,5	2,8	1,1	3,7
	Total	100,0	100,0	100,0	100,0	100,0	100,0
Estádios esportivos	Uma vez por semana	3,9	5,3	3,5	3,3	5,5	4,1
	Uma vez por mês	8,3	8,3	6,6	5,7	6,9	7,0
	Algumas vezes por ano	33,0	27,5	27,1	24,7	23,3	26,7
	Uma vez no passado	20,4	22,7	24,9	26,0	22,5	24,2
	Nunca	34,5	36,2	38,0	40,2	41,8	38,1
	Total	100,0	100,0	100,0	100,0	100,0	100,0
Clubes	Uma vez por semana	5,8	7,6	10,7	14,5	18,2	11,0
	Uma vez por mês	13,1	16,7	16,6	15,4	18,5	16,3
	Algumas vezes por ano	42,2	43,5	44,2	43,5	38,2	43,4
	Uma vez no passado	18,4	16,2	16,4	16,4	13,8	16,3
	Nunca	20,4	16,0	12,0	10,2	11,3	13,1
	Total	100,0	100,0	100,0	100,0	100,0	100,0
Concertos de música erudita ou óperas	Uma vez por semana	0,5	0,5	0,9	0,6	0,0	0,7
	Uma vez por mês	0,5	1,1	1,8	2,2	1,5	1,6
	Algumas vezes por ano	4,8	9,5	14,8	20,3	27,5	14,9
	Uma vez no passado	9,1	14,6	21,8	26,1	28,6	20,6
	Nunca	85,1	74,3	60,7	50,7	42,5	62,2
	Total	100,0	100,0	100,0	100,0	100,0	100,0

Fonte: UNESCO, Pesquisa de Professores, 2002.
Notas: Foi perguntado aos professores: *O(a) sr.(a) costuma ir a algum dos seguintes eventos culturais? Com que freqüência?*
(1) Dados expandidos.

Esse comportamento – eleva-se a faixa de renda familiar do professor, aumenta a sua participação em eventos – só não se aplica para *shows* de música popular ou sertaneja e para os estádios esportivos. Isso significa dizer que tais atividades podem ser consideradas "mais populares" do que as demais.

Os professores das escolas privadas afirmam, em maiores proporções, participar com mais freqüência das atividades culturais referenciadas do que os professores das escolas públicas onde prevalecem as indicações de *algumas vezes por ano, uma vez no passado* e *nunca* (Tabela A10).

Chama também a atenção o fato de que, entre as atividades relativas às preferências culturais apresentadas aos docentes, eles destaquem como as mais freqüentemente realizadas aquelas ligadas à profissão. A maioria dos professores (52%) declara que costuma ler materiais de estudo ou formação. Na seqüência está a opção ler revistas especializadas em educação (47,9%), seguida de fotocópia de materiais (44,5%), conforme os dados da Tabela 48. Se somadas as freqüências *habitualmente/sempre* com *às vezes*, chega-se a proporções muito altas de professores exercendo essas e outras atividades ligadas à sua formação e profissão: 71,8% dos professores participam de seminários de especialização, 94,4% lêem revistas especializadas em educação, 87,7% fotocopiam materiais, 93% lêem materiais de estudo ou formação, 81,4% compram livros (não-didáticos) e 86,2% freqüentam a biblioteca.

Em contraposição, são significativas as freqüências dos professores que responderam que *nunca* exercem atividades vinculadas à sua formação. Destacam-se aqueles que nunca participam de seminários de especialização (11,4%).

Da mesma maneira, são relativamente poucos os professores que estudam ou praticam atividades artísticas. Os que habitualmente estudam ou ensaiam teatro são 4,1%, e os que afirmam nunca fazê-lo chegam a 66,1%. Os que pintam ou aprendem a esculpir são 6,1% e os que nunca o fazem correspondem a 65,7% dos pesquisados. São 8,0% os professores que afirmaram que praticam ou aprendem danças habitualmente, enquanto quase metade deles, 49,6%, declara jamais fazê-lo. Além disso, 12,8% estudam ou desenvolvem algum artesanato com muita freqüência, enquanto 47,7% nunca o fazem.

TABELA 48 – Proporção de professores, segundo a freqüência de atividades que atestam suas preferências culturais[1] – 2002

Tipo de atividade	Freqüência de atividades				Total
	Habitualmente / sempre	Às vezes	Alguma vez no passado	Nunca	
Participa de seminários de especialização	16,9	54,9	16,8	11,4	100,0
Lê revistas especializadas em educação	47,9	46,5	3,2	2,3	100,0
Fotocópia materiais	44,5	43,2	5,3	6,9	100,0
Lê materiais de estudo ou formação	52,0	41,0	3,5	3,5	100,0
Estuda ou pratica idiomas estrangeiros	14,7	15,7	28,3	41,3	100,0
Compra livros (não-didáticos)	22,9	58,5	12	6,5	100,0
Lê livros de ficção	11,7	38,7	20,2	29,4	100,0
Freqüenta a biblioteca	33,3	52,9	9,4	4,3	100,0
Grava música	14,0	41,2	16,6	28,3	100,0
Compra CD ou fitas cassetes	33,1	54,9	5,6	6,4	100,0
Estuda ou ensaia teatro	4,1	11,1	18,7	66,1	100,0
Pinta ou aprende a esculpir	6,1	12,2	16	65,7	100,0
Pratica ou aprende danças	8,0	20,1	22,2	49,6	100,0
Estuda ou faz algum artesanato	12,8	21,1	18,3	47,7	100,0
Vê jogos de futebol na televisão	20,4	48,7	7,4	23,5	100,0
Tira fotografias	23,7	60,5	8,2	7,6	100,0

Fonte: UNESCO, Pesquisa de Professores, 2002.

Notas: Foi perguntado aos professores: *Gostaríamos de saber mais a respeito de suas preferências culturais. Indique se o(a) sr.(a) realiza alguma das seguintes atividades, e com que freqüência:*

(1) Dados expandidos.

No que diz respeito às atividades de entretenimento e/ou informação, foi perguntado aos professores simplesmente qual a freqüência com que as realizam. Frente àqueles outros dois blocos de atividades, as porcentagens verificadas agora são mais altas: 74,3% dos docentes afirmam que assistem à TV diariamente e 52,0% declaram que ouvem rádio diariamente, conforme demonstra a Tabela 49. Esses dados corroboram a hipótese de que o lazer doméstico é bastante usual, como o assistir a fitas de vídeo já indicava, o que pode ser explicado pelo fato de ser mais barato e de fácil realização e/ou pela falta de tempo para se dedicar a outros tipos de práticas, já que os deveres profissionais parecem ocupar boa parte do tempo dos docentes.

TABELA 49 – Proporção de professores, segundo a freqüência de outras atividades[1] – 2002

Tipo de atividade	Freqüência de outras atividades					Total
	Diariamente	3 ou 4 vezes por semana	1 ou 2 vezes por semana	A cada 15 dias	Nunca	
Vê TV	74,3	13,7	10,1	1,2	0,6	100,0
Ouve rádio	52,0	17,1	17,4	6,4	7,2	100,0
Ouve música em sua casa	55,1	18,6	19,0	5,2	2,0	100,0
Estuda ou toca algum instrumento musical	8,3	4,6	4,6	5,2	77,3	100,0
Lê jornal	40,8	22,6	23,5	9,5	3,7	100,0
Lê revistas	31,6	24,8	25,9	14,3	3,3	100,0
Faz ginástica, esportes ou alguma atividade física	17,8	15,3	18,7	13,7	34,5	100,0
Participa de listas de discussão através do correio eletrônico	1,5	1,6	2,6	4,9	89,3	100,0
Usa o correio eletrônico	9,1	8,4	10,5	12,4	59,6	100,0
Navega na Internet	7,3	8,9	12,6	12,7	58,4	100,0
Diverte-se com seu computador	9,9	9,3	14,6	12,4	53,9	100,0

Fonte: UNESCO, Pesquisa de Professores, 2002.
Notas: Foi perguntado aos professores: *Indique com que freqüência o(a) sr.(a) realiza as seguintes atividades:*
(1) Dados expandidos.

Dentre as atividades que os professores afirmam nunca realizar, destacam-se algumas ligadas ao uso do computador e da Internet, o que sugere dificuldade de acesso às modernas tecnologias de informação, cada vez mais valorizadas e utilizadas como ferramentas educacionais. De fato, a maioria dos professores declara que nunca usa correio eletrônico (59,6%), não navega na Internet (58,4%) nem se diverte com seu computador (53,9%).

É significativo que 23,5% dos professores declarem que lêem jornal *1 ou 2 vezes por semana*, 9,5% que lêem *a cada 15 dias* e 3,7% que não lêem jornal *nunca*, dada a importância do veículo como agente de informação. Também se mostra bastante elevado o número de professores que *nunca* fazem ginástica, esportes ou alguma atividade física (34,5%).

Destaca-se, ainda, em relação à música, que 55,1% dos professores ouvem-na diariamente e que 8,3% deles estudam ou tocam algum instrumento musical todos os dias. Mais de dois terços deles nunca estuda ou toca instrumentos musicais. Outros 33,1% dizem que compram CDs ou fitas cassete habitualmente e 14,0% dizem que têm o hábito de gravar músicas.

2.4.2 Preferências Culturais dos Professores

Aos professores foi solicitado que indicassem os três gêneros musicais que preferem. A MPB é a mais citada, apontada por 71,8% deles (Tabela 50), alcançando maior proporção de indicações junto aos professores que têm de 26 a 35 anos (Tabela A11) e sendo a preferida de 77% dos professores que vivem nas capitais[23]. A música sertaneja é citada entre os gêneros preferidos por 43,1% dos professores. Se os dados são desagregados por faixa etária, percebe-se que, à medida que a idade aumenta, aumenta a proporção de citações para esse tipo de música, chegando a 51% entre os mais velhos, com idade acima dos 55 anos.

[23] Para os dados completos sobre preferências musicais por condição do município, ver a Tabela A12, em anexo.

A categoria *pagode, forró* foi citada por 30,7% dos professores, aparecendo em maior proporção entre os que têm até 25 anos (35,7%). Esse gênero de música também recebeu mais indicações de preferência por parte dos professores que vivem no interior (34,5%) (Tabela A12).

O samba tradicional é citado como uma das preferências musicais por 25,5% dos professores. A proporção de citações do samba como preferência também aumenta de acordo com a faixa etária do docente, chegando ao máximo de 43,1% para acima de 55 anos (Tabela A11). É na periferia dos centros urbanos que as proporções são maiores (27,%), embora as variações aqui não sejam amplas (Tabela A12).

Já o rock nacional é citado por 23,2% dos professores como um dos gêneros musicais que preferem. Aqui ocorre o inverso, pois as citações diminuem conforme a idade aumenta: de 38% para os mais jovens a 5,1% para os mais velhos (Tabela A11).

TABELA 50 – Proporção de professores, segundo gêneros musicais preferidos[1]· – 2002

Gêneros musicais[2]	Proporção (%)
Rock nacional	23,2
Jazz	10,6
MPB	71,8
Samba tradicional	25,5
Pagode, forró	30,7
Reggae, música latina atual	7,3
Música clássica e ópera	29,5
Rock internacional	12,9
Música latino-americana	13,0
Música sertaneja	43,1
Outros	13,2

Fonte: UNESCO, Pesquisa de Professores, 2002.
Notas: Foi perguntado aos professores: *Quais dos gêneros musicais, abaixo, o(a) sr.(a) prefere? (Selecione os três que o(a) sr.(a) mais ouve)*
(1) Dados expandidos.
(2) As respostas não são auto-excludentes.

Pode-se perceber que a escolha de um ou outro gênero musical varia, principalmente, segundo a idade e o local de moradia e/ou atuação do professorado. A MPB aparece como significativa exceção, indicando a capacidade de os professores, em geral, se identificarem com esse gênero.

Observa-se que entre os mais jovens são indicadas preferências que contam com formas de difusão bastante amplas, como o rock nacional, o pagode e o forró, enquanto os mais velhos optam mais pelo samba tradicional, gênero que normalmente encontra bem menos facilidade de difusão. Também pode ser observado que a música sertaneja é mais indicada dentre as preferidas pelos docentes que vivem nos municípios do interior e o samba pelos das periferias dos centros urbanos, locais nos quais esses gêneros, muitas vezes, têm suas origens e são mais facilmente difundidos.

Aos professores foi também solicitado indicar o tipo de leitura com o qual prefeririam ocupar seu tempo livre. Dentre os gêneros considerados mais interessantes por eles, a opção que obteve maior número de respostas foi *pedagogia e educação* – 49,5%, muito acima dos demais. O segundo tipo mais apontado foi *revistas e livros científicos* – 28,3%, incidência que, se somada ao interesse por leituras sobre pedagogia e educação, sugere que os professores ocupam com leituras relacionadas ao seu trabalho e área profissional parte significativa do tempo livre. Em seguida, aparecem *literatura de ficção* (27,6%) e *livros de auto-ajuda* (23,8%), no rol de suas preferências de leitura.

TABELA 51 – Proporção de professores, segundo gêneros de leituras preferidas no tempo livre[1] – 2002

Gêneros[2]	Proporção(%)	
	Mais interessantes	Menos interessantes
Auto-ajuda	23,8	18,9
Biografias	8,9	20,4
Ensaios de ciências sociais	12,2	16,5
História	18,6	6,0
Literatura de ficção	27,6	24,1
Livros religiosos	22,4	21,5
Novela policial	4,3	66,0
Pedagogia e educação	49,5	2,1
Revistas ou livros científicos	28,3	9,6

Fonte: UNESCO, Pesquisa de Professores, 2002.
Notas: Foi perguntado aos professores: *Se tivesse que escolher um livro para ler no seu tempo livre, por qual desses gêneros o(a) sr.(a) optaria?*
(1) Dados expandidos.
(2) As respostas não são auto-excludentes.

Os professores indicaram com mais veemência seu desinteresse em relação à novela policial, 66% deles apontando-a como o gênero de leitura menos interessante para ocupar seu tempo livre.

Já foi atestado que os professores assistem TV com muita freqüência, o que está registrado na Tabela 49. Especificando o modo como manifestam esse interesse, foram levantados dados a respeito das modalidades de programas televisivos que preferem. Um contingente de 36,4% dos professores, a maior proporção deles, indicou preferir os noticiários, e logo abaixo, 28,3% deles afirmaram gostar mais de documentários. O tipo de programa de que menos gostam é o de "esportes" (32,3%), provavelmente, como menos preferido, talvez por haver predominância de mulheres no professorado, seguido das novelas, indicadas por 27,8% como gênero de que não gostam.

TABELA 52 – Proporção de professores, segundo tipos de programas televisivos preferidos[1] – 2002

Tipos de programas de TV	Preferências	
	O mais preferido	O menos preferido
Documentários	28,3	2,2
Esportes	3,7	32,3
Minisséries	5,4	11,6
Noticiários	36,4	0,9
Novelas	5,4	27,8
Programas de entrevistas	9,5	5,3
Programas de opinião	5,2	9,0
Variedades, humorísticos	6,1	10,8
Total	100,0	100,0

Fonte: UNESCO, Pesquisa de Professores, 2002.

Notas: Foi perguntado aos professores: *Se tivesse que escolher um programa de TV para assistir, qual dos gêneros abaixo o(a) sr.(a) escolheria?*

(1) Dados expandidos.

É interessante observar que alguns tipos de programas que costumam ter grande audiência, como as novelas e as minisséries, não são incluídos pelos professores entre os seus favoritos. Isso não significa que não assistam a esses programas, mas apenas que não os consideram especialmente interessantes. A preferência por noticiários e documentários talvez indique desejo de manter-se informado, o que, de alguma maneira, pode contribuir para um melhor desempenho de suas atividades profissionais.

Vale considerar que, embora os maiores índices de audiência televisiva no Brasil situem-se no horário noturno, particularmente quando são veiculadas as novelas, os professores secundarizam o fato de que vêem esse tipo de programa. Carneiro, *apud* Citelli (1999), apresenta pesquisa realizada com professores em Goiás, Minas Gerais e no Distrito Federal, revelando que apesar de a maioria absoluta declarar que assiste à televisão, são indicados como preferenciais: (1º) telejornais, (2º) filmes, (3º) documentários, (4º) entrevistas e (5º) educativos. Nessa relação, a novela não tem aparecido como um dos gêneros de mais audiência, o que, para Carneiro, *apud* Citelli (1999: 9), poderia se justificar pela hipótese de que os docentes temem comprometer a sua imagem intelectual, *porque a telenovela é aceita no descompromisso do entretenimento e formalmente negada como "seriedade" no interpretar e no educar.* Nessa perspectiva, professores podem omitir informações sobre o ato de assistir à novela por insegurança, devido à natureza complexa da TV, vinculada ao entretenimento, sem um valor social relacionado com o conhecimento.

Ao se observarem os dados a partir das categorias de gênero, notam-se algumas diferenças entre os programas preferidos pelos professores e pelas professoras. Para os noticiários e os documentários não há grandes diferenças entre suas indicações, mas para outras categorias elas são importantes, assim como os programas esportivos, que são preferidos pelos homens e não costumam ser apreciados pelas mulheres (13,3% contra 1,5% respectivamente) (Tabela A13 e A14).

Aos professores também foi solicitado que indicassem seu esporte preferido. A natação é o que tem maior freqüência, apontada por 29,6% dos professores, seguida de perto pelo futebol, esporte preferido de 27,5% deles. Logo abaixo, o vôlei aparece com 24,4% das indicações. Importante notar que essas indicações de preferência não se estendem necessariamente para a prática desses esportes. De fato, as atividades físicas e esportivas parecem não constituir hábito dos professores: como visto, 17,8% afirmam praticá-las diariamente, enquanto 34,5% declaram que nunca as praticam.

TABELA 53 – Proporção de professores, segundo esportes preferidos[1] – 2002

Esportes	Preferências	
	O mais preferido	O menos preferido
Artes marciais	2,4	14,6
Automobilismo	4,7	5,6
Basquete	4,4	0,9
Boxe	0,6	35,5
Futebol	27,5	8,8
Golfe	0,1	20,7
Natação	29,6	0,8
Tênis	2,7	1,5
Vôlei	24,4	0,7
Xadrez	3,5	10,4
Total	100,0	100,0

Fonte: UNESCO, Pesquisa de Professores, 2002.
Notas: Foi perguntado aos professores: *Dos esportes abaixo, qual o(a) sr.(a) prefere?*
(1) Dados expandidos.

Por outro lado, quando solicitados a indicar o esporte de que menos gostam, a maioria dos professores assinalou o boxe (35,5%) e, em seguida, o golfe (20,7%), esportes de fato bastante distantes de sua tradição. As menores proporções de rejeição referem-se ao tênis (1,5%), ao basquete (0,9%), à natação (0,8%) e ao vôlei (0,7%).

Alterações consideráveis nesse quadro ocorrem quando os dados são segmentados por gênero. Seguindo tendência encontrada na população brasileira, os homens preferem, em primeiro lugar, o futebol, seguido pela natação e pelo vôlei, enquanto as mulheres preferem a natação, seguida pelo vôlei e pelo futebol (Tabela A15).

2.4.3 Participação dos Professores em Associações

A fim de verificar se têm o hábito de participar de algum tipo de associação, foi solicitado aos docentes que apontassem com que freqüência se envolvem com essas atividades e se estão filiados a organizações ou entidades que promovem atividades associativas.

Quanto à participação em associações ou clubes esportivos, 43,0% dos entrevistados responderam que nunca foram filiados ou associados a eles. Contrapondo esse dado ao de freqüência a clubes (Tabela A16), vê-se que 13,4% deles dizem freqüentá-los habitualmente como associados e 23,8% afirma ir a clubes pelo menos uma vez por mês.

Com uma taxa de participação um pouco mais alta que a observada em relação aos clubes, aparecem os sindicatos. Segundo a pesquisa, 16,0% dos professores participam habitualmente de sindicatos. Entretanto, a parcela dos que nunca foram ao sindicato chega perto da metade (49,6%).

Não participar do sindicato não significa, necessariamente, que não se freqüentem as ações sindicais relevantes para garantir e criar direitos para a categoria, as atividades sindicais e a própria filiação ao sindicato não se constituindo, assim, como medidas diretas do nível de adesão e participação dos professores no movimento sindical.

Das entidades filantrópicas, 57,9% dos professores nunca participaram. As associações de bairro (vizinhança, de fomento, etc.) são freqüentadas habitualmente por 5,5% dos professores. Um contingente de 60,1% deles afirma nunca ter ido a tais locais. Do mesmo modo, os centros culturais (musical, cineclube etc.) são habitualmente freqüentados por 7,2% dos professores. Em contrapartida, 47,4% nunca foram a eles. Com níveis de freqüência aproximados, aparecem os partidos políticos, que, segundo as informações fornecidas, são freqüentados habitualmente por 6,6% dos docentes, contra 67,5% que nunca participam. Nesse caso, como no dos sindicatos, a freqüência não traduz o vínculo que os professores possam estabelecer com eles, calcados em ações e atitudes não vinculadas à presença no espaço físico, participação em atividades regulares ou na rede de sociabilidade a eles referidas.

A participação e o envolvimento na sua paróquia ou associação religiosa é a atividade associativa mais freqüentemente assinalada pelos professores: 40,8% dos entrevistados declaram freqüentá-las habitualmente frente a 19,8% que afirmam nunca ir a esses eventos.

TABELA 54 – Proporção de professores, segundo freqüência da participação em associações[1] – 2002

Tipo de associação	Freqüência da participação				Total
	Habitualmente	Ocasionalmente	Alguma vez no passado	Nunca	
Associação ou clube esportivo	13,4	23,9	19,7	43,0	100,0
Paróquia ou associação religiosa	40,8	25,6	13,8	19,8	100,0
Associação de bairro (vizinhança, fome nto, etc)	5,5	18,9	15,5	60,1	100,0
Centro cultural (musical, cinecl ube, etc)	7,2	26,0	19,3	47,4	100,0
Sindicato	16,0	21,8	12,6	49,6	100,0
Partido político	6,6	14,0	11,9	67,5	100,0
Associação ecológica ou de direitos humanos	3,8	18,2	12,4	65,6	100,0
Associação de consumidores	1,1	8,0	8,2	82,8	100,0
Cooperativa	3,5	8,5	11,1	76,9	100,0
Entidade filantrópica	11,2	18,1	12,8	57,9	100,0

Fonte: UNESCO, Pesquisa de Professores, 2002.
Notas: Foi perguntado aos professores: *O(a) sr.(a) participa de alguma das seguintes associações ou instituições?*
(1) Dados expandidos.

Ao se desagregarem os dados por dependência administrativa das escolas em que atuam, algumas observações podem ser feitas. Em primeiro lugar, percebe-se que os professores das escolas privadas são os que, em maior proporção, freqüentam as associações de cultura e lazer, como os clubes esportivos e os centros culturais. Isso está de acordo com o verificado anteriormente: são os professores das escolas privadas que apresentam os maiores índices de participação em eventos culturais.

Finalmente, são os professores das escolas públicas os que afirmam participar com maior freqüência de associações de cunho político e/ou reivindicatório (Tabela A16): são os que mais participam das associações de bairro (6,3 %), dos sindicatos (17,4%) e dos partidos políticos (7,0%).

3. PERCEPÇÃO DOS PROFESSORES

Ao estudar a carreira dos professores, Huberman (1992) lista várias questões que identifica como *apaixonantes* a respeito desses profissionais e que considera serem do interesse daqueles envolvidos no tema da educação. Algumas delas remetem à percepção dos próprios docentes sobre sua inserção no ofício de educar, o contexto em que vivem e os distintos momentos de sua trajetória.

> Será que há 'fases' ou 'estágios' no ensino? Será que um grande número de professores passam pelas mesmas etapas, as mesmas crises, os mesmos acontecimentos, o mesmo termo de carreira, independentemente da 'geração' a que pertencem, ou haverá percursos diferentes, de acordo com o momento histórico da carreira?
>
> As pessoas estão mais ou menos satisfeitas com a sua carreira, em momentos precisos da sua vida de professores? (...) Se fosse preciso fazer uma nova opção profissional, as pessoas continuariam a escolher o ensino?
>
> Será que as pessoas, como insinua a sociologia institucional, acabam por se aproximar cada vez mais da instituição em que trabalham? As pessoas tornam-se mais prudentes, mais conservadoras, mais 'fatalistas'?
>
> O que é que distingue, ao longo das carreiras, os professores que chegam ao fim carregados de sofrimento daqueles que o fazem com serenidade? A partir de que momentos será possível as pessoas aperceberem-se, digamos mesmo 'predizer', do fim da carreira? (Huberman,1992: 35-36).

Certamente, muito se afirma sobre quem são os professores a partir de um olhar externo a eles, fato que, eventualmente, produz interpretações que pouco revelam de suas próprias visões. Neste capítulo, com perspectiva semelhante à de Huberman, busca-se conhecer as percepções dos professores pesquisados sobre as situações vividas no seu cotidiano, no trabalho e fora dele. Está organizado em três eixos. O primeiro diz respeito à condição dos docentes em um contexto de mudanças educacionais, permitindo conhecer o significado mais amplo que atribuem à educação, à política educacional, às questões curriculares e ao cotidiano escolar. O segundo trata de como definem seu próprio papel profissional e atenta às suas opiniões sobre os cursos de formação, as condições de trabalho, a satisfação profissional e as aspirações profissionais. Por fim, o terceiro está centrado em temas candentes na sociedade, como criminalidade, discriminação e juventude.

3.1 SOBRE A EDUCAÇÃO, A POLÍTICA EDUCACIONAL E O CURRÍCULO

Como já destacado anteriormente, um tema recorrente no debate sobre as questões relativas à educação é o impacto das atuais transformações econômicas, políticas, sociais e culturais no ensino, notadamente no que concerne ao papel da escola e dos professores. O processo de globalização da ordem econômica e tecnológica vem transformando as relações sociais e, conseqüentemente, trazendo novos desafios para a educação. Neste contexto, conhecer a percepção dos membros da comunidade escolar sobre os objetivos e finalidades da educação é um pré-requisito para o estabelecimento de políticas que qualifiquem o trabalho dos profissionais de ensino.

Assim, com a perspectiva de captar a opinião dos professores pesquisados sobre as finalidades da educação, foi a eles apresentado um rol de alternativas, dentre as quais deveriam escolher as duas que considerassem *mais importantes* e as duas que considerassem *menos importantes.*

De acordo com os docentes, como se observa na Tabela 55, as duas mais importantes finalidades da educação seriam *formar cidadãos conscientes* (72,2%) e *desenvolver a criatividade e o espírito crítico* (60,5%).

TABELA 55 – Proporção de professores, segundo opinião sobre as finalidades mais e menos importantes a serem alçadas pela educação[1] – 2002

Finalidades a serem alçadas pela educação	Opiniões		To tal
	Mais importantes	Menos importantes	
Criar hábitos de comportamento	3,9	27,9	15,9
Desenvolver a criatividade e o espírito crítico	60,5	3,0	31,8
Formar cidadãos conscientes	72,2	0,9	36,6
Formar para o trabalho	8,3	21,5	14,9
Promover a integração dos grupos sociais menos favorecidos da sociedade	13,0	19,9	16,5
Proporcionar conhecimentos básicos	8,9	21,4	15,2
Selecionar os indivíduos mais capacitados	2,6	66,1	34,4
Transmitir conhecimentos atualizados e relevantes	16,7	10,3	13,5
Transmitir valores morais	10,8	13,1	12,0

Fonte: UNESCO, Pesquisa de Professores, 2002.

Notas: Foi perguntado aos professores: *Na sua opinião, quais são as finalidades mais importantes a serem alçadas pela educação? E as menos importantes?*

(1) Dados expandidos.

A opção por essas duas finalidades revela uma acentuada preocupação com a formação de atitudes e valores dos estudantes, tanto em termos de atuação coletiva quanto individual, evidenciando uma tentativa dos professores de corresponder às idéias hoje correntes no campo educacional, que valorizam a questão da cidadania e a da formação do cidadão. Se, por um lado, tal posição pode estar sintonizada com o ideário educacional vigente, por outro, nota-se a pouca importância atribuída às finalidades *transmitir conhecimentos atualizados e relevantes* (16,7%) e *proporcionar conhecimentos básicos* (8,9%), esta última posicionando-se em quarto lugar na lista de finalidades consideradas como menos importantes, com a manifestação de 21,4% dos professores. Tal dado pode estar relacionado com a severa crítica que vem circulando na área das ciências humanas e sociais sobre o ensino conteudístico, em que o papel do professor estaria restrito a mero transmissor de conhecimentos, de forma mecânica e pouco reflexiva. Neste contexto, existe uma tendência a não se valorizarem essas finalidades da educação a esse grupo de professores, optando-se, então, por questões afetas a outras dimensões educacionais e sociais, como, por exemplo, *desenvolver a criatividade e o espírito crítico dos alunos* ou a *formação de professores conscientes.* Na verdade, conforme aponta Ireland (2004: 69), tal debate pode estar secundarizando uma das tarefas básicas da escola, sua *função clássica: socializar o saber sistematizado que faz parte da herança da humanidade.*

As duas finalidades da educação consideradas como menos importantes seriam *selecionar os indivíduos mais capacitados* (66,1%) e *criar hábitos de comportamento* (27,9%). Vale, aqui, relacionar a opção por essas duas alternativas com uma posição possivelmente menos elitista dos professores no que tange ao papel da escola nos dias de hoje. Recorda-se, ainda, o fato de ser recorrente, como comprova estudo recente da UNESCO sobre o ensino médio (ABRAMOVAY e CASTRO, 2003), a reclamação de educadores da rede pública em relação à perda do caráter profissionalizante que essa modalidade comportava anteriormente à atual Lei de Diretrizes e Bases da Educação.

Em que pese essa observação, ao se abordar a política educacional adotada no Brasil na segunda metade da década de 1990, observa-se que os professores apresentam um acentuado grau de concordância com seus principais aspectos, como pode ser visto na Tabela 56. Em geral, o grau de concordância dos docentes com cada um dos itens analisados sobre o tema apresenta pequena variação, em função de diversas características: sexo, idade, renda familiar, porte dos municípios e tipo de dependência administrativa da escola onde lecionam. Tais características não teriam relação significativa com a avaliação que realizam os professores sobre os aspectos da política educacional analisados, salvo em casos específicos.

Na discriminação dos aspectos da LDB considerados, optou-se pela referência às políticas concretizadas em consonância com a Lei[24].

---

[24] São as seguintes: (1) PCN – Parâmetros Curriculares Nacionais, a partir do Art. 26º, que define: "os currículos do ensino fundamental e médio devem ter uma base nacional comum, a ser complementada em cada sistema de ensino e estabelecimento escolar, por uma parte diversificada, exigida pelas características regionais e locais da sociedade, da cultura, da

TABELA 56 – Proporção de professores, segundo grau de concordância com os aspectos da LDB[1] – 2002

Aspectos da LDB	Grau de concordância			Total
	Concordo	Discordo	Não sabe	
PCN	86,2	8,6	5,1	100,0
Nova estrutura de ensino	87,7	7,6	4,7	100,0
Autonomia da escola	90,9	5,3	3,8	100,0
PNE	74,8	10,6	14,5	100,0
FUNDEF	79,6	9,1	11,3	100,0
SAEB	65,1	21,6	13,3	100,0

Fonte: UNESCO, Pesquisa de Professores, 2002.
Notas: Foi perguntado aos professores: *Manifeste seu grau de acordo ou desacordo com os seguintes aspectos da Lei de Diretrizes e Bases – LDB.*
(1) Dados expandidos.

A institucionalização da participação dos profissionais da educação na elaboração do projeto pedagógico constitui um marco importante na gestão democrática do ensino público na educação básica e na construção da autonomia da escola. Como era de se esperar, houve um elevado grau de concordância dos professores com essa inovação trazida pela LDB (90,9%).

Outra mudança introduzida pela LDB e bem aceita pelos docentes é a nova estrutura da educação básica, que passou a englobar a educação infantil, o ensino fundamental e o ensino médio. Essa estrutura, que implica a expansão das matrículas para além da escolaridade obrigatória de nível fundamental, é aprovada por 87,7% dos professores.

Os Parâmetros Curriculares Nacionais, elaborados com o intuito de estabelecer competências e diretrizes norteadoras do conteúdo curricular da educação, receberam a aprovação de 86,2% dos professores. Entretanto, cerca de 8,6% deles – o que representa 146.401 pessoas, em números absolutos – manifestam discordância. Vale destacar que,

economia e da clientela"; (2) PNE – Plano Nacional de Educação, a partir do Art 9º que define: "A União incumbir-se-á de: I - Elaborar o Plano Nacional de Educação (...)"; (3) FUNDEF – Fundo de Manutenção e Desenvolvimento do Ensino Fundamental e Valorização do Magistério, a partir do Art 9º, que define: "A União incumbir-se-á de: III – prestar assistência técnica e financeira aos Estados, ao Distrito Federal e aos Municípios para o desenvolvimento de seus sistemas de ensino e o atendimento prioritário à escolaridade obrigatória, exercendo sua função redistributiva e supletiva".

em diversos estudos, têm sido registradas críticas aos PCNs (SANTOS, 2002; LOPES, 2002, entre outros).

Assim como nos tópicos anteriores, um percentual bastante elevado de professores concorda com a criação do FUNDEF (79,6%). Esse percentual, conforme a Tabela A17, é ligeiramente maior entre os professores do Norte e do Nordeste (87%), onde, historicamente, os salários dos docentes da educação básica são inferiores aos vigentes em outras áreas do país. É possível que isso ocorra pelo fato de seus professores serem mais afetados positivamente pelo FUNDEF[25].

O Plano Nacional de Educação, elaborado pela União em colaboração com a sociedade civil, recebeu o aval de 74,8% dos professores. De todos os aspectos da política nacional tratados nesse item, o PNE é o que apresenta o maior percentual de "não opinou" (14,5%). O fato de ser maior o percentual daqueles que não opinaram do que o dos que discordaram (10,6%) reflete, provavelmente, a possível não-participação da maioria dos professores entrevistados no processo de debates e consultas que culminou com a sua aprovação, pelas próprias limitações existentes a uma presença mais ampla da categoria nas discussões. Esses dados mostram que, apesar de o tema estar sendo discutido há alguns anos e de o PNE ter sido aprovado pouco mais de um ano antes do início da coleta de informações desta pesquisa, parcela significativa dos docentes o desconhecem ou não quiseram opinar sobre ele.

Dentre as principais ações do Ministério da Educação, o SAEB – Sistema de Avaliação da Educação Básica – é, provavelmente, uma das mais polêmicas. Como as propostas de avaliação da educação foram implantadas concomitantemente com as medidas que visavam à

[25] Com o FUNDEF, implantado em 1998, destinou-se cerca de 1,5% do PIB brasileiro ao ensino fundamental público. São recursos vinculados à Educação, por força do disposto no artigo 212 da Constituição Federal, transferidos regular e automaticamente aos governos estaduais e municipais, com base no número de alunos matriculados em cada uma de suas redes de ensino. O Fundo tem especial importância para municípios e estados onde a receita originalmente gerada não é suficiente para a garantia de um valor por aluno/ano igual ou superior ao determinado oficialmente pelo Governo, como é o caso da maior parte dos estados nordestinos. Em 2002, segundo o Ministério da Educação, esse valor era de R$ 418,00, para alunos de 1ª a 4ª séries, e de R$ 438,90, para os de 5ª a 8ª séries e da Educação Especial.

expansão da educação básica, elas foram percebidas como parte de um mesmo movimento reformista que dominou o debate público sobre educação na segunda metade da década de 1990. De todos os aspectos da política educacional abordados neste estudo, o SAEB foi o que recebeu o menor percentual de aprovação entre os professores – 1.105.663 em números absolutos, equivalentes a 65,1% do total, sendo também o segundo menos conhecido, ou sobre o qual 13,3% dos pesquisados – o que significa 225.885 pessoas – não quiseram opinar.

Com relação à percepção dos professores sobre os efeitos da LDB nas suas condições de trabalho, nota-se, de uma forma geral, que eles vêem os impactos de forma favorável. Dos sete efeitos apresentados aos docentes, quatro foram avaliados positivamente por mais da metade deles, conforme se verifica na Tabela 57.

TABELA 57 – Proporção de professores, segundo o impacto da LDB em aspectos da rotina escolar[1] – 2002

Aspectos da rotina escolar	Impacto da LDB				
	Positivo	Negativo	Neutro	Não opinou	Total
Condições de trabalho dos professores	40,1	21,3	28,7	10,0	100,0
Qualidade da educação	46,4	24,7	20,5	8,5	100,0
Participação dos professores na tomada de decisões	52,1	17,0	22,0	8,8	100,0
Inovações pedagógicas	61,0	11,2	19,0	8,8	100,0
Infra-estrutura do estabelecimento	39,9	18,6	29,7	11,8	100,0
Organização do ensino	52,4	16,5	20,9	10,2	100,0
Democratização do acesso à educação	60,0	12,4	18,3	9,3	100,0

Fonte: UNESCO, Pesquisa de Professores, 2002.
Notas: Foi perguntado aos professores: *Em termos gerais, qual foi o impacto da LDB em cada um dos seguintes aspectos?*
(1) Dados expandidos.

Assim, aproximadamente 60% dos professores julgam que os impactos mais positivos da LDB incidiram sobre *inovações pedagógicas* e *democratização do acesso à educação.*

Para mais da metade dos professores, a LDB teve impactos positivos na *organização do ensino* (52,4%) e na *participação dos professores na tomada de decisões* (52,1%). De fato, a LDB estipula que os sistemas de ensino devem definir normas de gestão democrática que garantam a participação dos profissionais de educação na elaboração do projeto pedagógico da escola. Como apontam os resultados desta pesquisa, essa medida é muito bem-vinda pelos professores.

Juntamente com a democratização do acesso ao ensino, a qualidade da educação constituiu a pedra de toque da reforma educacional implantada no Brasil na segunda metade da década de 1990. Qualidade é um termo polissêmico, com distintos significados para os profissionais da educação. Isso fornece uma pista para interpretar a dispersão das respostas sobre o impacto da LDB nesse aspecto. Considerado um impacto positivo por 46,4% dos professores, esse percentual é praticamente idêntico ao observado com a soma dos que o consideram negativo (24,7%) ou neutro (20,5%).

Cerca de 40% dos docentes consideram que a LDB teve impacto positivo nas *condições de trabalho* e na *infra-estrutura do estabelecimento* onde lecionam. Em ambos os casos, esse percentual é inferior ao obtido com a soma dos percentuais relativos às opções *neutro* ou *negativo*. Isto sugere que a LDB teve repercussão bastante limitada nestes aspectos da educação, segundo os pesquisados.

Os docentes, como se observa, avaliam como predominantemente positivos os efeitos da LDB. Seu impacto maior se refere às inovações pedagógicas, à democratização do acesso à educação e à organização do ensino. Sua participação na tomada de decisões indica que, para a maioria, seu papel se fortaleceu com a nova legislação. Os itens em que há menor concordância são aqueles que dependem menos das normas e mais de uma teia intrincada de fatores, em que são vitais as opções tomadas pelos gestores dos sistemas de ensino e redes escolares: a qualidade da educação, a infra-estrutura do estabelecimento e as condições de trabalho.

No que tange especificamente ao currículo escolar, aspecto bastante trabalhado pela LDB, os professores aprovam a inclusão de temas ligados à conjuntura e às questões atuais. Dos sete temas apresentados no questionário, seis obtiveram percentuais acima de 85%, como se observa na Tabela 58. Apenas *religião*, um tema bastante polêmico, principalmente quando se considera que a escola pública brasileira é laica, apresentou percentuais em torno de 65,7%.

TABELA 58 – Proporção de professores, por dependência administrativa da escola[1], segundo opinião sobre temas a serem tratados na escola[2] – 2002

Temas a serem tratados na escola	Opinião	Dependência administrativa		Total
		Pública	Privada	
A educação sexual e saúde reprodutiva	Concorda	97,9	98,5	97,9
	Não concorda	2,1	1,5	2,1
	Total	100,0	100,0	100,0
Religião	Concorda	66,2	55,1	65,7
	Não concorda	33,8	44,9	34,3
	Total	100,0	100,0	100,0
Análise de situações políticas e sociais atuais	Concorda	92,5	94,9	93,0
	Não concorda	7,5	5,1	7,0
	Total	100,0	100,0	100,0
Música	Concorda	86,1	86,7	86,4
	Não concorda	13,9	13,3	13,6
	Total	100,0	100,0	100,0
Análise da televisão e outros meio de comunicação de massa	Concorda	86,9	88,2	87,4
	Não concorda	13,1	11,8	12,6
	Total	100,0	100,0	100,0
Prevenção do uso de drogas	Concorda	98,9	99,7	99,0
	Não concorda	1,1	0,3	1,0
	Total	100,0	100,0	100,0
Violência	Concorda	96,1	97,8	96,5
	Não concorda	3,9	2,2	3,5
	Total	100,0	100,0	100,0

Fonte: UNESCO, Pesquisa de Professores, 2002.
Notas: Foi perguntado aos professores: *O(a) sr.(a) concorda ou não concorda que estes temas sejam tratados nas escolas?*
(1) As escolas privadas religiosas foram retiradas da análise.
(2) Dados expandidos.

As variáveis demográficas, segundo as quais os docentes foram agrupados, exercem pouca influência sobre sua percepção acerca dos temas tratados na escola. Assim, a ordem dos temas considerados apropriados ao currículo escolar permanece praticamente inalterada em função do sexo, da idade, da região geográfica, da renda familiar, da dependência administrativa ou do nível de ensino no qual lecionam.

Em geral, pode-se constatar que a maioria dos professores concorda com a introdução de temas da atualidade no currículo, tais como prevenção ao uso de drogas, saúde reprodutiva e violência. Essa postura pode estar relacionada tanto à sua identificação com concepções mais atuais da função docente quanto às situações potencialmente problemáticas que enfrentam cotidianamente na escola.

Com vistas a um rápido diagnóstico de diversas contingências tidas como problemáticas para o bom desempenho desses professores no dia-a-dia, apresentou-se a eles uma lista contendo treze situações, dentre as quais deveriam apontar aquelas que, na sua opinião, representam um empecilho ao ensino (Tabela 59).

TABELA 59 – Proporção de professores, segundo opinião sobre situações que representam ou não um problema em seu trabalho diário na escola[1] – 2002

Situações	Opinião	Proporção (%)
Manter a disciplina entre os alunos	É um problema	54,8
	Não é um problema	45,2
	Total	100,0
A relação com os diretores	É um problema	6,2
	Não é um problema	93,8
	Total	100,0
O trabalho com os colegas	É um problema	7,2
	Não é um problema	92,8
	Total	100,0
O domínio de novos conteúdos	É um problema	8,5
	Não é um problema	91,5
	Total	100,0
A falta de definição e de objetivos claros sobre o que deve ser feito	É um problema	41,2
	Não é um problema	58,8
	Total	100,0
As formas de planejamento	É um problema	26,9
	Não é um problema	73,1
	Total	100,0

TABELA 59 – (continuação)

Situações	Opinião	Proporção (%)
A relação com os pais	É um problema	44,8
	Não é um problema	55,2
	Total	100,0
As características sociais dos alunos	É um problema	51,9
	Não é um problema	48,1
	Total	100,0
Organizar o trabalho em sala de aula	É um problema	15,9
	Não é um problema	84,1
	Total	100,0
Avaliar	É um problema	37,2
	Não é um problema	62,8
	Total	100,0
O tempo disponível para o desenvolvimento das tarefas	É um problema	54,9
	Não é um problema	45,1
	Total	100,0
A supervisão	É um problema	17,4
	Não é um problema	82,6
	Total	100,0
O tempo disponível para corrigir provas, cadernos etc.	É um problema	66,3
	Não é um problema	33,7
	Total	100,0

Fonte: UNESCO, Pesquisa de Professores, 2002.
Notas: Foi perguntado aos professores: *Diariamente, os professores enfrentam uma multiplicidade de situações nas escolas. Da lista que se apresenta abaixo, pedimos que indique quais representam um problema, para o(a) sr.(a), em seu trabalho diário e quais não.*
(1) Dados expandidos.

A situação que os professores mais consideram como um problema para o exercício de suas atividades profissionais é *o tempo disponível para a correção de provas, cadernos etc.* (69,3%). A segunda situação mais mencionada é *o tempo disponível para o desenvolvimento das tarefas* (54,9%). A terceira é *manter a disciplina entre os alunos* (54,8%). *As características sociais dos alunos* (51,7%) e *a relação com os pais* (44,8%), ocupam, respectivamente, a quarta e a quinta posição.

Observa-se que as situações mais apontadas como problema pelos professores remetem ao plano do exercício de suas atividades cotidianas. A questão do *tempo disponível para verificação dos trabalhos do aluno* é, em parte, um problema administrativo, com vastos reflexos pedagógicos. A que se refere ao tempo *disponível para instrução* lembra currículos compartimentados e congestionados de conteúdos. A que se volta à capacidade de *manter a disciplina entre os alunos* remete à ordem em sala de aula, necessária para que se alcancem os objetivos educacionais. Finalmente, ao assinalarem *as características sociais dos alunos* e a *relação com os pais*, os docentes mostram que ainda creditam a fatores indiretamente relacionados à prática educativa questões que nem sempre se encontram relacionadas a tais fatores, estando eventualmente afetas à pouca habilidade da própria escola em lidar com elas.

Ressalte-se, ainda, que diversas pesquisas recentes desenvolvidas pela UNESCO apontam a culpabilização da família como recorrente entre os professores no momento de creditar responsabilidades em relação aos resultados do trabalho escolar junto aos alunos (ABRAMOVAY e CASTRO, 2003; ABRAMOVAY et al., 2003a; ABRAMOVAY et al., 2001).

A questão do alcance dos objetivos educacionais passa, fundamentalmente, pelos fatores que influenciam a aprendizagem, tornando-se necessário, para a construção de estratégias e proposições para melhorar a educação, compreender de forma apurada a percepção que deles têm os docentes. Com tal objetivo, apresentou-se aos pesquisados uma lista com seis fatores e solicitou-se que escolhessem os dois considerados como mais importantes.

O primeiro aspecto a ser destacado é o fato de a totalidade dos professores ter se manifestado sobre o tema. Diferentemente de outras questões, em que percentuais significativos de docentes não opinaram, todos eles indicaram os dois fatores que consideram mais influentes para a aprendizagem.

O segundo aspecto que chama a atenção é o elevado grau de convergência dos professores a esses fatores. A ordem permanece praticamente inalterada em função das diferenças de renda (Tabela 60).

Os professores consideram *acompanhamento e apoio da família* como o fator que mais influencia a aprendizagem dos alunos (78,3%), o que demonstra, mais uma vez, o peso que dão ao papel dos pais e/ou responsáveis no processo educativo.

TABELA 60 – Proporção de professores, por renda familiar mensal, segundo indicação de fatores que influenciam a aprendizagem[1] – 2002

Fatores que influenciam a aprendizagem	Renda familiar mensal					Total
	Até 2 salários mínimos	Mais de 2 a 5 salários	Mais de 5 a 10 salários	Mais de 10 a 20 salários	Mais de 20 salários	
Gestão da escola	9,3	8,9	8,2	12	13,4	9,7
Acompanhamento e apoio familiar	81,4	80,1	79,7	76,1	68,6	78,3
Competência do professor	30,2	31,6	31,8	32,6	33,1	31,9
Nível econômico e social da família do aluno	7	7,2	7,7	6,5	5,2	7,1
Infra-estrutura, equipamento e condições físicas da escola	14	12,6	16,1	16	12,4	14,8
Relação professor/aluno	52,6	55,4	52,2	53,5	60	53,9

Fonte: UNESCO, Pesquisa de Professores, 2002.
Notas: Foi perguntado aos professores: *Existem diversos fatores que influenciam a aprendizagem. Da lista seguinte, escolha os dois que o(a) sr.(a) considera mais importantes (Marque os dois mais importantes)*
(1) Dados expandidos.

A literatura sobre o tema e os dados estatísticos fortalecem o papel da família como promotora da aprendizagem e potencializadora dos efeitos benéficos da escola sobre o estudante. Tangri e Moles (1987), embora reconheçam a multiplicidade de impedimentos à aproximação entre a escola e a família, enumeram estratégias e iniciativas que promovem e aumentam o envolvimento entre ambas. Recente pesquisa desenvolvida pela UNESCO[26] aborda os diferentes níveis de participação da família e da comunidade no ambiente escolar e destaca

[26] Escolas Inovadoras: experiências bem-sucedidas em escolas públicas, Abramovay et al., 2003b.

que, quando as relações são mais positivas e compartilhadas, todos – corpo docente e discente – tendem a se sentir mais valorizados, contribuindo para a melhoria da escola. Da mesma forma, os dados do SAEB patenteiam o maior rendimento de estudantes de 4ª e 8ª séries do ensino fundamental e 3ª série do ensino médio, tanto em Português como em Matemática, quando pais e professores se conhecem (REZENDE, 2001).

Entretanto, cabe apontar a dissonância desse resultado, se associado às respostas dadas pelos professores sobre os objetivos e finalidades da educação. Atribuir a fatores externos à escola o indicativo principal do sucesso da aprendizagem é, de certa forma, se eximir da responsabilidade sobre a aprendizagem dos alunos. Tal afirmativa corrobora, mais uma vez, o fato de que o discurso proferido – crenças, idéias e valores – nem sempre corresponde à realidade vivida.

A *relação professor/aluno* é o segundo fator considerado pelos docentes como mais importante para a aprendizagem (53,9%). O papel da relação interpessoal entre o professor e o aluno na aprendizagem não pode ser subestimado. Essa relação foi estudada por Carkhuff, Berenson e Pierce (1977) em numerosas salas de aula nos Estados Unidos. Eles concluem que as crianças apresentam dificuldades para aprender com professores de que não gostam.

Em terceiro lugar, com 31,9% de menções, aparece a *competência do professor* como fator de influência na aprendizagem dos alunos.

Esses dados indicam claramente que os professores ainda transferem a responsabilidade do sucesso da aprendizagem dos alunos para fatores que escapam à sua ordem de competência. Essa opção fortalece uma concepção conservadora de educação, que mantém a instituição escolar e o corpo docente numa posição intocável – qualquer tipo de fracasso é atribuído ao que está aparentemente fora dela: os alunos e suas famílias.

Infra-estrutura, equipamento e condições físicas da escola compõem o quarto fator considerado em termos de influência na aprendizagem (14,8%). É possível que a insatisfação com as condições físicas e materiais para o exercício do magistério traga dificuldades ao trabalho docente.

Ao se analisar a situação do quinto fator apontado pelos professores como mais influente no processo de aprendizagem, a *gestão da escola*, percebe-se o quanto eles podem estar pouco atentos à importância desse aspecto para o sucesso da educação, visto que apenas 9,7% o consideraram. Tal fato poderia ser explicado pela ainda pequena participação que a maior parte dos docentes têm na definição das diretrizes político-pedagógicas de suas escolas.

Finalmente, o fator menos apontado como importante para a aprendizagem, *nível econômico e social da família do aluno* (7,1%), apresenta proporções baixas em relação aos demais. Em certa medida, esse dado se contrapõe a resultados de estudos que apontam a importância de fatores tais como nível econômico e social da família do aluno – em especial a escolarização da mãe – sobre o rendimento escolar dos alunos (COSTA, 1990).

Na percepção dos professores, fica claro que os fatores interpessoais, como o acompanhamento da família e a relação com os alunos, exercem mais influência no processo de aprendizagem do que fatores técnicos, tais como a competência do docente, a forma de gerenciamento da escola ou a sua infra-estrutura física.

Ainda no campo da aprendizagem, torna-se importante conhecer as posições dos docentes sobre a introdução da informática na educação. A reduzida disponibilidade de dados sobre os limites e as possibilidades de tal recurso no processo educacional, no Brasil, gera a necessidade de se compreender como se dá sua relação com o universo da tecnologia e da informática.

Conforme a Tabela 61, chama a atenção o fato de que 50,5% deles não têm computador em casa. O percentual de docentes que possuem esse bem – 49,5%, no geral – cresce à medida que aumenta sua renda familiar: enquanto 2,8% dos professores com renda familiar de até 2 salários mínimos possuem computador no domicílio, 91,7% dos que têm renda familiar acima de 20 salários mínimos usufruem dessa facilidade.

Dos professores que possuem computador em casa, aproximadamente três quartos têm, também, acesso doméstico à internet. Igualmente, o acesso à internet é mais freqüente entre os professores com renda familiar acima de 20 salários mínimos (89,7%) e menos usual entre as famílias que auferem menos de dois salários mínimos (66,7%) e entre 2 a 5 salários mínimos (52,8%). Ou seja, dos professores com menor renda familiar, cerca de 3% possuem computador em casa e, destes, aproximadamente 70% têm acesso à Internet (Tabela 62).

TABELA 61 – Proporção de professores, por renda familiar mensal, segundo a existência de computador em casa[1] – 2002

Tem computador em casa	Renda familiar mensal					Total
	Até 2 salários mínimos	Mais de 2 a 5 salários	Mais de 5 a 10 salários	Mais de 10 a 20 salários	Mais de 20 salários	
Sim	2,8	22,1	52,5	76,2	91,7	49,5
Não	97,2	77,9	47,5	23,8	8,3	50,5
Total	**100,0**	**100,0**	**100,0**	**100,0**	**100,0**	**100,0**

Fonte: UNESCO, Pesquisa de Professores, 2002.
Notas: Foi perguntado aos professores: *Na sua casa, existe computador?*
(1) Dados expandidos.

TABELA 62 – Proporção de professores, por renda familiar mensal, segundo o acesso à Internet em casa[1] – 2002

Tem acesso à Internet em casa	Renda familiar mensal					Total
	Até 2 salários mínimos	Mais de 2 a 5 salários	Mais de 5 a 10 salários	Mais de 10 a 20 salários	Mais de 20 salários	
Sim	66,7	52,8	67,5	80,9	89,7	73,0
Não	33,3	47,2	32,5	19,1	10,3	27,0
Total	**100,0**	**100,0**	**100,0**	**100,0**	**100,0**	**100,0**

Fonte: UNESCO, Pesquisa de Professores, 2002.
Notas: Foi perguntado aos professores: *O(a) sr.(a) tem acesso à internet na sua casa?*
(1) Dados expandidos.

Em geral, os professores têm uma visão positiva a respeito dos efeitos das novas tecnologias de informação sobre o trabalho docente. Dos seis efeitos apresentados no questionário, quatro podem ser classificados como desejáveis e dois como indesejáveis.

O grau de concordância com os efeitos indesejáveis das novas tecnologias de informação sobre o trabalho docente também está fortemente relacionado com a renda familiar mensal (Tabela 63). O percentual de professores que concordam que as novas tecnologias de informação *vão substituir parcialmente o trabalho dos professores nas aulas* cai de 29,8%, assinalados pelos professores com renda familiar de até 2 salários mínimos, para 17,9%, entre aqueles com renda familiar superior a 20 salários mínimos. O percentual dos que concordam que as novas tecnologias de informação vão promover a *desumanização do ensino e das instituições pedagógicas* cai de 19,5%, entre os professores com renda familiar de até 2 salários mínimos, para 13,1%, entre aqueles com renda familiar superior a 20 salários mínimos. O maior grau de concordância dos professores localizados nos estratos econômicos mais baixos com os efeitos indesejáveis das novas tecnologias de informação sobre o trabalho docente pode ser atribuído, entre outros motivos, ao fato de poucos deles possuírem computador em casa e, muito provavelmente, estarem pouco familiarizados com a utilização do recurso.

TABELA 63 – Proporção de professores, por renda familiar mensal, segundo opinião sobre os efeitos das novas tecnologias de informação sobre a educação[1] – 2002

Efeitos das novas tecnologias de informação sobre a educação	Renda familiar mensal					Total
	Até 2 salários mínimos	Mais de 2 a 5 salários	Mais de 5 a 10 salários	Mais de 10 a 20 salários	Mais de 20 salários	
Vão substituir parcialmente o trabalho dos professores nas aulas	29,8	24,3	23,9	20,3	17,9	23,1
Vão promover uma desumanização do ensino e das instituições pedagógicas	19,5	17,3	17,7	14,9	13,1	16,7
Vão criar facilidades para os alunos	86,0	84,6	86,4	88,0	90,3	86,5
São recursos que facilitarão o trabalho dos professores nas aulas	88,4	89,9	91,6	91,3	90,3	90,8
Permitirão melhorar a qualidade da educação e da aprendizagem	81,4	84,4	84,9	86,4	85,5	85,0
Vão ampliar as oportunidades de acesso ao conhecimento por parte dos alunos	81,4	84,4	84,9	86,4	85,5	85,0

Fonte: UNESCO, Pesquisa de Professores, 2002.
Notas: Foi perguntado aos professores: *Em relação aos efeitos que teriam as novas tecnologias de informação (computadores, internet, ensino programado, ensino a distância, etc.) sobre o trabalho docente, o(a) sr.(a) concorda ou não concorda com as seguintes afirmações?*
(1) Dados expandidos.

Com esses dados, pode-se concluir que os professores acreditam que a introdução de novas tecnologias de informação engendrará impactos positivos na educação, mas não substituirá o fator humano no processo de ensino e aprendizagem.

Antes do computador, o rádio e a televisão foram adotados como instrumentos de alfabetização em vários estados brasileiros e em outros países. Nos últimos anos, a informática assume um papel de relevo como agente de instrução, mesmo para os estratos econômicos de menor renda. O debate sobre o papel, o mérito e as vantagens da utilização do computador como instrumento facilitador da aprendizagem ainda mobiliza a literatura especializada e as discussões sobre políticas públicas em todo o mundo. Nos países onde a infra-estrutura das escolas de ensino médio e fundamental já não mais exige grandes dispêndios com a aquisição de computadores, e a conexão à Internet é muito difundida, o debate está centrado sobre os efeitos pedagógicos e sobre os resultados acadêmicos da utilização da nova tecnologia.

Um número cada vez maior de pesquisas sobre a influência da informática na aprendizagem vem sendo realizado. Em geral, os estudos mostram que os efeitos da informática na educação ocorrem pela ampliação do acesso à informação e na comunicação entre professor e aluno.

A conexão entre esses efeitos e variações na aprendizagem não está ainda plenamente estabelecida, particularmente pelas dificuldades de isolar esses fatores na complexa rede de elementos que atuam sobre a aprendizagem. Há, entretanto, convergência nos estudos que ressaltam as alterações nos atores do processo educacional, particularmente o papel estratégico que desempenham os professores para que as novas tecnologias possam realizar suas promessas com relação ao ensino-aprendizagem[27].A pesquisa mostra que os professores são favoráveis ao ingresso da informática na escola.

[27] Uma ilustração da literatura mais recente sobre o tema é o relatório final do projeto "Monitoring and evaluation of research in learning innovations (MERLIN)", que estudou a questão do uso das tecnologias de informação e comunicação em países da Comunidade Européia e foi concluído em agosto de 2002. O texto completo do relatório final pode ser obtido no seguinte endereço: http://www.ub.edu/euelearning/merlin/docs/finalreprt.pdf

3.2 SOBRE O PAPEL DOS PROFESSORES, OS CURSOS DE FORMAÇÃO, AS CONDIÇÕES DE TRABALHO, A SATISFAÇÃO PROFISSIONAL E AS ASPIRAÇÕES PROFISSIONAIS

3.2.1 Sobre o Papel dos Professores

Em uma instituição com múltiplas finalidades como é a escola, é de se afirmar que exista também uma multiplicidade de papéis atribuídos aos professores, que precisam ser conhecidos e compreendidos para que se elaborem estratégias para a formação e a qualificação profissional. Assim, com o intuito de conhecer melhor as características que o professor deve ter, o questionário apresentou aos entrevistados duas definições básicas, quais sejam:

A: O professor é, antes de tudo, um transmissor de cultura e conhecimento;

B: O professor é, sobretudo, um facilitador da aprendizagem dos alunos.

O primeiro enunciado pode expressar uma visão "bancária"[28] do papel dos docentes, que implicaria estarem os conteúdos previamente alinhavados, os objetivos definidos e o comportamento dos alunos definido por uma matriz pré-estabelecida. Nesse caso, cabe ao professor transmitir o "pacote" do conhecimento. O segundo enunciado reflete concepções afetas ao professor como mediador do processo de aquisição do conhecimento, surgidas na segunda metade do século XX, segundo as quais a função do professor é, essencialmente, a de criar condições para que a aprendizagem se consubstancie.

Conforme o Gráfico 1, a preferência dos pesquisados orientou-se fortemente para o segundo enunciado (79,2%). Dessa forma, 17,3% dos docentes identificam como papel do professor aquele apontado na primeira afirmação. Um número ainda menor (3,4%) não se identifica com nenhum dos enunciados apresentados. O forte contraste observado entre as duas definições e o baixo percentual de professores que não se

[28] Este termo foi utilizado por Paulo Freire para traduzir uma postura educacional onde o conhecimento se acumula, em um processo onde o professor e o aluno têm papel secundário.

identifica com nenhuma das opções indicam que as alternativas possíveis em termos de função docente estão bem delimitadas. A idéia do professor como "facilitador" é generalizada em todos os subgrupos que constituem o universo estudado. Entretanto, sua intensidade varia em função de certas características dos sujeitos, notadamente a renda familiar mensal.

GRÁFICO I – Proporção de professores, por renda familiar mensal, segundo opinião sobre definições a respeito do papel do professor[1] – 2002

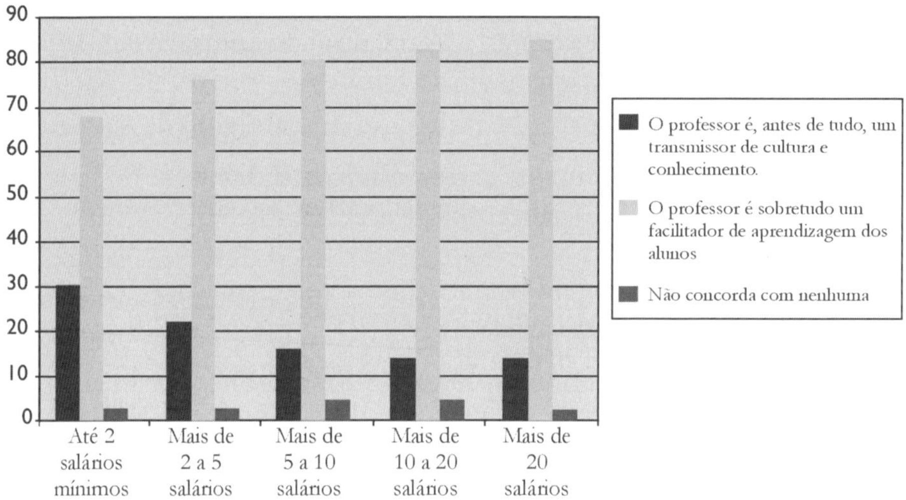

Fonte: UNESCO, Pesquisa de Professores, 2002.
Notas: Foi perguntado aos professores: *Sobre o papel do professore, existem diversas definições. Qual dessas duas frases aproxima-se mais de sua opinião?*
(1) Dados expandidos.

É possível, por exemplo, perceber que o grau de concordância com o segundo enunciado tende a crescer à medida que aumenta a faixa salarial dos docentes, variando de 67,6% entre os professores com renda familiar de até 2 salários mínimos ao pico de 84,5% entre aqueles com renda acima de 20 salários mínimos. Isto sugere que os docentes situados nos estratos econômicos mais elevados, freqüentemente, concordam com concepções mais ligadas à cultura do que à aprendizagem dos alunos.

Os movimentos da sociedade constituem parâmetros para a reflexão sobre o papel do professor e a educação. Os anos 1990 foram marcados pelo debate em torno desse tema, acentuando-se a concepção de que o docente deve ter uma formação que o torne um intelectual crítico-reflexivo da prática pedagógica. A partir das contribuições de diversos autores (SACRISTÁN, 1995; ZEICHNER, 1993; GIROUX, 1997; CONTRERAS, 1999), são propostos dois grandes caminhos para a identidade profissional do professor: o de tecnólogo de ensino e o de agente social. As respostas à presente pesquisa, observadas em diferentes passos, sugerem inclinação pronunciada para a identidade relacionada ao agente social.

A construção de uma nova identidade profissional não se faz apenas nos cursos de formação, embora eles sejam fundamentais para legitimar e consolidar a imagem docente. A universalização da educação fundamental trouxe à tona o debate sobre o papel da escola pública, no sentido de lidar com uma cultura escolar marcada pela diversidade de seus alunos, pelas desigualdades existentes entre eles, pelas várias culturas juvenis, contribuindo, assim, para uma educação mais igualitária.

No que tange ao seu papel político, vale ressaltar que, a partir da nova LDB, o professor passa a ter reconhecida como uma de suas funções a de possibilitar aos alunos uma formação cidadã[29]. Para tanto, faz-se necessário trazer para a sala de aula conteúdos e reflexões sobre os temas transversais, inseridos no currículo, tais como ética, cidadania, sexualidade, meio ambiente, entre outros. A política é um desses temas, considerado, pelos docentes, como bastante controverso.

Perguntou-se aos professores sua posição sobre o desenvolvimento de temas ligados à política em sala de aula (Tabela 64). Eles foram solicitados a dar notas de 1 a 10, segundo a concordância com proposições relacionadas ao assunto, as quais foram classificadas nos seguintes graus de concordância: *muito baixo* (0 a 2), *baixo* (2 a 4), *médio* (4 a 6), *alto* (6 a 8) e muito *alto* (8 a 10).

[29] A formação cidadã é mencionada no Título II da LDB: Dos princípios e fins da educação nacional. O artigo 2º define como finalidades da educação "o pleno desenvolvimento do educando, seu preparo para o exercício da cidadania e sua qualificação para o trabalho" (Brasil, 1996).

TABELA 64 – Proporção de professores, segundo o grau de concordância com afirmações sobre o papel político do professor[1] – 2002

Afirmações sobre o papel político do professor	Grau de concordância					Total
	Muito baixo (0-2)	Baixo (2-4)	Médio (4-6)	Alto (6-8)	Muito alto (8-10)	
Em sala de aula, o professor não deve abordar problemas políticos atuais	47,6	11,1	17,8	13,5	10,1	100
O professor deve evitar toda forma de militância e compromisso ideológico em sala de aula	19,9	10,3	24,5	21,9	23,3	100
O professor deve desenvolver a consciência social e política das novas gerações	0,9	1,6	6,5	18,4	72,6	100
O professor deve se comprometer com a democratização social e política do país	2,3	2,5	9,8	22,6	62,9	100
O professor deve ter a consciência de que o seu papel é político	10,6	6,3	18,7	24,1	40,4	100

Fonte: UNESCO, Pesquisa de Professores, 2002.
Notas: Foi perguntado aos professores: *Avalie de 01 a 10, seu grau de acordo com cada uma das seguintes proposições, onde 10 representa o grau máximo de concordância.*
(1) Dados expandidos.

De modo geral, os professores reconhecem a importância de seu papel no tratamento de tais temas. A proposição que obtém o maior índice de concordância é a de que *o professor deve desenvolver a consciência social e política das novas gerações*, com 72,6% de docentes atribuindo grau *muito alto* e 18,4% grau *alto*. É possível verificar que a maior proporção de professores que concordam com a proposição em grau *muito alto* encontra-se nas faixas intermediárias, de 26 a 55 anos, embora não existam grandes variações entre as faixas etárias, conforme a Tabela A18.

Em segundo lugar, aparece a proposição de que *o professor deve se comprometer com a democratização social e política do país*, com 62,9% de respostas no grau *muito alto* e mais 22,6% no grau *alto*. Considerando-se a estrutura etária, é na faixa de 46 e 55 anos que há maior proporção de pesquisados concordando em grau *muito alto* com a proposição.

No terceiro posto vem *o professor deve ter a consciência de que o seu papel é político*, com 40,4% de concordância no grau *muito alto* e 24,1% no grau *alto*. A média das notas chega a 7,14. Por faixa etária, são os mais velhos que concordam em mais alto grau com a proposição.

Já a proposição de que *em sala de aula o professor não deve abordar problemas políticos atuais* é a que obtém menor grau de concordância: 47,6% dos professores colocam-na na categoria *muito baixo* e 10,1% na categoria *muito alto*. A escala de concordância se inverte em relação aos itens anteriores: nesse caso, a média das notas é de 3,87.

Por faixa etária, são os mais novos os que apresentam menor concordância, pois 51,1% dos professores de 26 a 35 anos e 49,6% dos de até 25 anos se classificam no grau *muito baixo* de concordância com a proposição. Esses resultados são condizentes com os anteriores, pois todos ressaltam o reconhecimento da importância do esclarecimento político dos alunos pelos docentes.

Entretanto, há um tema no qual os professores se dividem: é a proposição de que *o professor deve evitar toda forma de militância e compromisso ideológico em sala de aula*. A maioria das respostas se concentra no grau *médio* de concordância (24,5%), embora os extremos também apresentem valores significativos (23,3% em *muito alto* e 19,9% em *muito baixo*). A média das notas também atesta essa divisão: 5,84.

Por faixa etária, são os professores mais velhos os que mais concordam com a proposição: 30,7% dos acima de 55 anos apresentam grau *muito alto* de concordância. Os mais divididos são os mais jovens: no grau *médio* de concordância estão 25,5% dos professores até de 25 anos e 25,9% dos professores de 26 a 35 anos. Pode-se perceber que os docentes se encontram nitidamente divididos quando o assunto deixa de ser discutir política em sala de aula e passa ao âmbito da defesa de uma posição política perante os alunos.

Prova de que não há um consenso sobre esse tema entre os professores é a questão a respeito da opinião sobre o comprometimento político do professor quando no início da carreira. Para a primeira proposição, de que *a atividade docente deve reger-se pelo princípio da neutralidade política*, 55,2% dos professores dizem que discordavam do pressuposto no início da carreira, contra 44,8% que dizem que concordavam, como se verifica na Tabela 65.

TABELA 65 – Proporção de professores, segundo opiniões sobre o compromisso político do professor, no início da carreira[1] – 2002

Afirmações sobre o compromisso político do professor	Opinião		Total
	Concordava	Discordava	
A atividade docente deve reger-se pelo princípio da neutralidade política	44,8	55,2	100,0
O trabalho do professor deve estar associado com um compromisso político	47,5	52,5	100,0

Fonte: UNESCO, Pesquisa de Professores, 2002.
Notas: Foi perguntado aos professores: *No início da sua carreira docente, qual era a sua opinião sobre os seguintes enunciados?*
(1) Dados expandidos.

Com relação à segunda assertiva, de que *o trabalho do professor deve estar associado com um compromisso político*, 52,5% dizem que discordavam e 47,5% dizem que concordavam no início da carreira.

Ainda em relação ao ponto de vista político, os professores foram perguntados sobre um outro tema que revela seus valores (Tabela 66). Duas frases foram colocadas, solicitando-se a eles que assinalassem a que mais se aproxima de sua opinião:

A: *Para mim, a liberdade e a igualdade têm a mesma importância. Mas se tivesse que escolher entre uma e outra, consideraria a liberdade individual como a mais importante, quer dizer, que cada um possa viver em liberdade e desenvolver-se sem obstáculos.*

O pressuposto de tal afirmação relaciona-se a uma concepção mais individualista da vida social. No geral, 19,7% dos professores concordam com ela, em oposição a 75,6%, que dela discordam. Por faixa etária (Tabela A19), são os professores mais velhos aqueles que mais concordam com a afirmação, 23,7% na faixa de acima de 55 anos. Por renda, são os professores com renda familiar de até 2 salários mínimos, 23,1%, conforme a Tabela A20, em anexo.

B: *A liberdade e a igualdade são importantes, mas se tivesse que escolher uma das duas, consideraria a igualdade como a mais importante, isto é, que ninguém se veja desfavorecido, e que as diferenças de classe social não sejam tão fortes.*

Trata-se, aqui, de uma outra percepção do social: uma concepção mais igualitária da vida em grupo, em que a existência de oportunidades iguais é privilegiada. É nessa assertiva que se concentra a maioria das respostas dos professores: 75,5% dizem concordar com ela. Por faixa etária, são os mais jovens que se destacam, 77,4% na faixa de 26 a 35 anos. Por renda, são aqueles situados na faixa de 2 a 5 salários mínimos, 77,6%.

TABELA 66 – Proporção de professores, segundo a concordância com afirmações sobre liberdade e igualdade[1] – 2002

Afirmações	Proporção (%)
Para mim, a liberdade e a igualdade têm a mesma importância. Mas se tivesse que escolher entre uma e outra, consideraria a liberdade individual como a mais importante, quer dizer, que cada um possa viver em liberdade e desenvolver-se sem obstáculos	19,7
A liberdade e a igualdade são importantes, mas se tivesse que escolher uma das duas, consideraria a igualdade como mais importante, isto é, que ninguém se veja desfavorecido, e que as diferenças de classe social não sejam tão fortes	75,6
Não concorda com nenhuma das duas frases	3,2
Não sabe	1,5
Total	100,0

Fonte: UNESCO, Pesquisa de Professores, 2002.
Notas: Foi perguntado aos professores: *Qual dessas duas frases mais se aproxima da sua opinião?*
(1) Dados expandidos.

É significativo que os professores digam se interessar mais por viver num mundo com menos desigualdade do que em uma situação em que o "cada um por si" impere. Entretanto, vale ressaltar uma outra opção para a questão, respondida em proporção pequena, mas com uma distribuição uniforme: a daqueles que não concordam com nenhuma das duas frases. No total, 3,2% dos professores marcam essa opção, o que equivale, em números absolutos, a 54.349 pessoas.

Pode-se perceber que os professores, em consonância com os preceitos da LDB, assumem a posição de que é seu dever profissional tratar dos temas relacionados à política na escola. Eles só se dividem quando a questão passa do esclarecimento político dos alunos à militância em sala de aula. Vale ressaltar que os docentes assumem uma postura predominantemente marcada por ideais igualitários, condição importante para se formar cidadãos que aceitem e compartilhem a convivência pluralista das sociedades contemporâneas.

3.2.2 Sobre os Cursos de Formação

Os dados levantados pela pesquisa revelam que a maioria dos professores, ao serem questionados sobre a instituição mais adequada para oferecer os cursos de formação inicial aos docentes, está de acordo com o preceito normativo da LDB, que estabelece as universidades ou as instituições de educação superior como os agentes mais apropriados para oferecer formação docente., como mostra a Tabela 67.

TABELA 67 – Proporção de professores, segundo instituição que considera mais adequada para oferecer formação docente aos professores[1] – 2002

Instituição	Proporção (%)
Instituição de educação superior	97,6
Outra instituição	2,4
Total	100,0

Fonte: UNESCO, Pesquisa de Professores, 2002.
Notas: Foi perguntado aos professores: *Qual instituição o(a) sr.(a) considera mais adequada para oferecer formação docente aos professores?*
(1) Dados expandidos.

No que diz respeito aos cursos de formação continuada, os professores também consideram as instituições de ensino superior como as mais adequadas para prestar esses serviços. A diferença, aqui, é que as porcentagens de indicação sofrem uma ligeira queda, se comparadas com a indicação para a formação inicial. Tal queda é, em parte, explicada pela apresentação de mais alternativas de resposta, no questionário, do que no caso da formação inicial.

Constata-se também que, quando questionados sobre os estímulos mais eficazes para o êxito da formação continuada (Tabela 68), os docentes indicam os *estímulos salariais* (74,1%) e a *promoção na carreira* (57,4%), dando menos importância a *diplomas e certificados formais* (9,8%).

TABELA 68 – Proporção de professores, por habilitação, segundo a indicação dos estímulos mais eficazes para formação continuada[1] – 2002

Estímulos mais eficazes para a formação continuada[2]	Habilitação				Total
	Ensino médio com formação pedagógica (ensino normal)	Ensino médio sem formação pedagógica	Ensino superior com formação pedagógica (licenciatura)	Ensino superior sem formação pedagógica	
Estímulos salariais	74,4	73,2	74,4	69,8	74,1
Uso do tempo de trabalha para capacitação	43,4	42,3	40,8	44,5	41,8
Diplomas e certificados formais	12,2	12,9	8,6	8,9	9,8
Promoção na carreira docente e de administração	54,3	51,8	59,3	56,9	57,4
Outro	7,7	6,6	7,8	9,3	7,8

Fonte: UNESCO, Pesquisa de Professores, 2002.
Notas: Foi perguntado aos professores: *Quais são os estímulos mais eficazes que contribuem para o êxito da formação continuada? (selecionar até duas opções)*
(1) Dados expandidos.
(2) As respostas não são auto-excludentes.

Sobre o conteúdo de um bom programa de aperfeiçoamento (Tabela 69), no geral, os docentes elegem como mais importantes: *o nível profissional dos responsáveis pelo curso* (57,9%), *o interesse e a pertinência dos temas* (57,5%) e *a participação em experiência de grupo* (50,1%). Há que se destacar, no que se refere aos professores com ensino superior, a opção, em níveis mais acentuados, pelo fator *o interesse e a pertinência dos temas,* tanto pelos que têm formação pedagógica (62,3%) quanto pelos que não têm (48,9%).

Observa-se que a maioria dos professores possui formação docente (89,3% dos que atuam no ensino fundamental e 89,6% dos que atuam no ensino médio), em conformidade com o estabelecido pela legislação em vigor, de acordo com a Tabela 31, anteriormente apresentada.

Entretanto, as porcentagens de professores sem formação prevista pela LDB são significativas[30].

TABELA 69 – Proporção de professores, por habilitação, segundo a indicação dos pontos importantes para um programa de aperfeiçoamento[1] – 2002

Pontos importantes para um programa de aperfeiçoamento[2]	Habilitação				Total
	Ensino médio com formação pedagógica (ensino normal)	Ensino médio sem formação pedagógica	Ensino superior com formação pedagógica (licenciatura)	Ensino superior sem formação pedagógica	
O interesse e a pertinência dos temas	48,9	46,3	62,3	55,9	57,5
A qualidade do material	31,6	33,5	28,4	33,8	29,8
O tempo de aprendizagem	25,9	25,4	22,1	22,1	23,3
A interação com os coordenadores do curso	17,4	17,3	13,6	17,1	15
A participação em experiências de grupo	49,4	46,7	50,7	50,2	50,1
A interação com os colegas	22,1	19,1	19,7	19,2	20,3
O nível profissional dos responsáveis pelo curso	55,6	60,7	58,9	55,2	57,9
Os incentivos oferecidos	39,1	38,6	33,1	36,7	35,2

Fonte: UNESCO, Pesquisa de Professores, 2002.
Notas: Foi perguntado aos professores: *O mais importante em um bom programa de aperfeiçoamento é – (selecionar até três opções)*
(1) Dados expandidos.
(2) As respostas não são auto-excludentes.

[30] Segundo o INEP, considerando o grau de formação das funções docentes de 5ª a 8ª séries, aproximadamente 32% das funções docentes do País não possuem esse grau de formação, chegando a 59% na Região Norte e 52% na Região Nordeste (Estatísticas dos Professores, 2003 – MEC/INEP).

Sobre as percepções a respeito da formação continuada, as opiniões e expectativas apresentadas indicam que a maioria dos docentes brasileiros concorda que tais cursos devem ser executados por instituições de ensino superior, privilegiando, em sua organização, o nível dos profissionais responsáveis pela sua condução e o interesse e a pertinência dos temas a serem tratados. Além disso, para a maioria dos professores, o estímulo mais eficaz na promoção da participação é o retorno em termos profissionais e salariais. O conjunto dessas informações oferece importantes indicações a serem consideradas no planejamento e na implantação de futuros cursos.

3.2.3 Sobre as condições de trabalho, a satisfação e as aspirações profissionais

De um modo geral, os professores concordam com as idéias de *aumentar o tempo e as possibilidades de trabalho em equipe com outros colegas, tanto em sala de aula como fora dela* (87,6%) e *favorecer a concentração da carga horária dos docentes em apenas um estabelecimento* (86,7%), como evidencia a Tabela 70. Em oposição, ressalta-se o fato de as opções com maior nível de discordância serem *prolongar o calendário escolar anual para melhorar a qualidade do ensino* (90,2%) e *prolongar a jornada escolar* (80,4%), que implicariam aumento do tempo dedicado ao trabalho pelos professores.

A esse respeito, é importante ressaltar que a Lei 9.394/96 apresentou um aumento significativo para a carga horária, segundo o Artigo 24:

> A educação básica, nos níveis fundamental e médio, será organizada de acordo com as seguintes regras comuns: I – a carga horária mínima anual será de oitocentas horas, distribuídas por um mínimo de duzentos dias de efetivo trabalho escolar, excluído o tempo reservado aos exames finais, quando houver.

Tal ampliação, prevista na LDB, é resultado de expressiva luta de educadores, sindicatos, associações de pais e sociedade civil em geral na defesa do ensino de qualidade, considerando os baixos níveis de escolaridade e a vigência de até quatro turnos escolares em inúmeros estados e municípios brasileiros. Nessa perspectiva, vários estudos e autores (COELHO,1996; CAVALIERI, 1996) apontam para o fato de que o direito á educação de qualidade está relacionado com o acesso e a permanência na escola. Para Cavalieri (1996) com a necessidade de uma ampliação das funções da escola, o tempo de permanência diária dos alunos passou a ser a condição para que a escola possa desempenhar essas novas atribuições.

Na contramão dessa realidade, que as novas exigências educacionais impõem, os professores declaram-se contrários à ampliação da permanência dos alunos na escola, o que pode estar relacionado com os baixos salários da categoria.

TABELA 70 – Proporção de professores, segundo opinião sobre as possíveis mudanças nas condições do trabalho docente[1] – 2002

Mudanças no trabalho docente	Opinião		Total
	Concorda	Discorda	
Favorecer a concentração da carga horária dos docentes em apenas um estabelecimento	86,7	13,3	100,0
Aumentar o tempo e as possibilidades de trabalho em equipe com outros colegas, tanto em sala de aula como fora dela.	87,6	12,4	100,0
Diversificar a carreira docente criando outras funções técnico-pedagógicas, além de professor / diretor / supervisor / orientador	67,7	32,3	100,0
Prolongar o calendário escolar anual para melhorar a qualidade do ensino	9,8	90,2	100,0
Prolongar a jornada escolar	19,6	80,4	100,0

Fonte: UNESCO, Pesquisa de Professores, 2002.
Notas: Foi perguntado aos professores: *Queremos conhecer sua opinião sobre as possíveis mudanças nas condições do trabalho docente. Indique seu grau de concordância com cada um dos seguintes enunciados.*
(1) Dados expandidos.

O interessante é verificar que, mesmo concordando com *aumentar o tempo e as possibilidades de trabalho em equipe com outros colegas, tanto em sala de aula como fora dela*, poucos são os professores que se declaram dispostos a participar dessas atividades, caso lhes fossem concedidas 10 horas a mais de remuneração por semana (Tabela 71).

TABELA 71 – Proporção de professores, por região geográfica, segundo atividades escolhidas para ocupar o tempo extra de dez horas de trabalho remunerado a mais por semana na escola em que trabalha[1] – 2002

Atividades para ocupar o tempo extra	Região geográfica					Total
	Norte	Nordeste	Centro-oeste	Sudeste	Sul	
Ensino em sala de aula	5,6	10,5	5,6	6,0	6,1	7,1
Formação continuada	15,6	17,3	25,3	20,5	19,8	19,7
Auto-aperfeiçoamento (ler, buscar novos materiais)	46,7	48,8	50,3	49,7	54,6	50,1
Projetos de serviços à comunidade	10,3	6,9	4,6	6,6	4,3	6,4
Trabalhar com os colegas	2,3	2,9	2,0	2,9	1,9	2,6
Contato e atividades com os pais de alunos	7,3	4,9	3,6	3,9	3,1	4,2
Trabalho com os alunos sobre temas que lhes interessem	5,0	3,0	3,6	4,3	4,0	3,9
Atividades ligadas aos grêmios	0,3	0,4	0,0	0,3	0,1	0,3
Correção de provas, cadernos, trabalhos etc.	3,0	2,9	4,1	3,2	3,5	3,2
Preparação de aulas	3,6	2,0	0,8	2,3	2,4	2,2
Trabalhos de pesquisa	0,0	0,3	0,0	0,2	0,1	0,2
Produção de materiais pedagógicos	0,3	0,1	0,3	0,1	0,0	0,1
Total	100,0	100,0	100,0	100,0	100,0	100,0

Fonte: UNESCO, Pesquisa de Professores, 2002.
Notas: Foi perguntado aos professores: *Se dessem dez horas de trabalho remunerado a mais por semana na escola em que trabalha, quais das seguintes atividades o(a) sr.(a) escolheria para ocupar esse tempo extra? (Escolha as três mais importantes)*
(1) Dados expandidos.

É importante destacar, por um lado, a predominância, em todas as regiões, da opção *auto-aperfeiçoamento (ler, buscar novos materiais)*, escolhida, no geral, 50,1% dos docentes, seguida da que se refere à *formação continuada* (19,7%). Tal resultado estaria revelando a necessidade que sentem os docentes de investimento em sua formação, face às novas exigências da educação, e uma possível insatisfação com o que tiveram até então.

Por outro, chama a atenção o fato de ser notório o desinteresse por opções ligadas ao trabalho escolar cotidiano e à vida da escola, como *produção de materiais pedagógicos* (0,1%), *trabalhos de pesquisa* (0,2%) e *atividades ligadas aos grêmios* (0,3%).

No que tange à satisfação dos professores em relação à sua profissão (Tabela 72), tendo como termo de comparação o início de sua carreira, observa-se que quase metade aponta a opção *mais satisfeito(a)* agora do que no início da sua carreira (48,1%) e que 15,3% apontam *igualmente satisfeito(a)*. Os professores que assinalam a opção *menos satisfeito(a)* representam 24,3% e os que assinalam a opção *insatisfeito(a)* 12,3%, contingente representativo, visto que significa, em números absolutos, 208.904 pessoas. Entretanto, o que chama a atenção é o fato de, mesmo em condições de trabalho freqüentemente difíceis, a proporção dos que se mostram satisfeitos é de 63,4%.

TABELA 72 – Proporção de professores, segundo o grau de satisfação em relação ao seu trabalho, comparado com o início da carreira docente[1] – 2002

Grau de satisfação	Proporção (%)
Mais satisfeito(a)	48,1
Igualmente satisfeito(a)	15,3
Menos satisfeito(a)	24,3
Insatisfeito(a)	12,3
Total	100,0

Fonte: UNESCO, Pesquisa de Professores, 2002.
Notas: Foi perguntado aos professores: *Comparando com o início da sua carreira, em relação ao seu trabalho o(a) sr.(a) diria que está:*
(1) Dados expandidos.

Tais resultados permitem estabelecer um contraponto ao crescente desinteresse dos professores por sua profissão, apontado em diversos trabalhos, como o de Lapo e Bueno (2002), que abordam a questão da evasão docente como resultado dos desajustes provocados na identidade desses profissionais pela perda de referências culturais.

Esse contraponto é corroborado quando se analisam as aspirações profissionais dos docentes pesquisados em um futuro próximo (Tabela 73). Os professores, em sua maioria – 50,2%, o que equivale a 852.601 pessoas, em números absolutos –, assinalam a opção *permanecer na função atual, na mesma instituição*. A segunda opção mais apontada, *realizar outra atividade profissional na área educacional*, é da preferência de 25,5% dos pesquisados, ou seja, de 433.094 pessoas.

Tais proporções revelam que a maior parte dos professores não pretende, nos próximos anos pelo menos, se ausentar da sala de aula, seja mesmo por *realizar outra atividades na área educacional*, seja por dedicar-se a outra profissão (10,7%).

TABELA 73 – Proporção de professores, por região geográfica, segundo a aspiração profissional para os próximos cinco anos[1] – 2002

Aspiração profissional para os próximos cinco anos	Região geográfica					Total
	Norte	Nordeste	Centro-Oeste	Sudeste	Sul	
Permanecer na função atual, na mesma instituição	42,8	50,1	41,1	50,7	56,5	50,2
Ocupar cargos de direção e administração escolar	6,2	4,3	4,6	9,4	6,2	7,1
Permanecer na função atual, mas em outra escola	5,9	7,3	9,3	6,3	4,8	6,5
Realizar outra atividade profissional na área educacional	32,4	27,2	28,9	24,0	23	25,5
Dedicar-se a outra profissão	12,8	11,1	16,1	9,5	9,5	10,7
Total	100,0	100,0	100,0	100,0	100,0	100,0

Fonte: UNESCO, Pesquisa de Professores, 2002.
Notas: Foi perguntado aos professores: *Qual a sua principal aspiração profissional para os próximos anos?*
(1) Dados expandidos.

A Tabela 73 mostra, também, as diferenças entre as aspirações dos docentes segundo as regiões geográficas em que vivem. Como é possível notar, ainda que a opção *permanecer na função atual, na mesma instituição* seja a mais apontada em todas as regiões, enquanto os professores da Região Sul são os que, proporcionalmente, mais a indicam (56,5%), os professores da Região Norte são os mais interessados em *realizar outra atividade profissional na área de educação* (32,4%), e os da região Centro-Oeste os mais interessados em *dedicar-se a outra profissão* (16,1%). Por sua vez, os professores da Região Sudeste são os principais interessados em *ocupar cargos de direção e administração escolar* (9,4%). Tais diferenças podem ser relevantes no momento de se definir estratégias para a promoção da carreira docente nessas regiões, ainda mais quando associadas à habilitação do docente.

A análise por dependência administrativa das escolas em que trabalham confirma a posição dos professores, tanto na rede pública quanto na rede privada de ensino, quanto a *permanecer na função atual, na mesma escola*. Nas escolas públicas é maior a porcentagem, em comparação com as escolas privadas, dos professores que optam por ela e por *dedicar-se a outra profissão*, conforme dados da Tabela A21.

No que tange à análise segundo a habilitação dos docentes (Tabela A22), mais uma vez, a opção *permanecer na função atual, na mesma escola* aparece como a mais apontada em todas as categorias. Entretanto, evidencia-se que os professores com ensino médio com formação pedagógica são os que, proporcionalmente, mais consideram tal possibilidade (53,8%), enquanto aqueles com ensino superior sem formação pedagógica são os que menos a assinalam (45,4%), aparecendo, em contrapartida, como os que mais se manifestam por dedicar-se a outra profissão (13,3%).

São ainda os professores com ensino médio com formação pedagógica os que apontam em maior proporção a opção *realizar outra atividade profissional na área de educação* (26,8%).

Resultados igualmente interessantes sobre as aspirações profissionais dos docentes podem ser observados a partir de uma análise relacionada ao seu tempo de magistério. Como evidenciado na Tabela 74, considerando-se a opção *permanecer na função atual, na mesma instituição*, os professores entre 21 e 25 anos de magistério são os que mais manifestam a intenção de permanecer onde estão (63,7%), enquanto os que têm menos de 4 anos são os que, em menor proporção (40%), mostram esse desejo, ao mesmo tempo em que os que mais demonstram buscar algo novo, seja assinalando *permanecer na função atual, mas em outra instituição* (12,1%), seja *dedicando-se a outra profissão* (13,5%). Tal situação entre esses professores mais novos na profissão pode estar indicando, também, a possível insatisfação com as condições de trabalho que, freqüentemente, lhes são impostas no início da carreira – locais mais distantes e periféricos, turmas iniciais ou problemáticas, entre outras.

Os professores que possuem entre 11 e 15 anos de profissão são os que demonstram maior pretensão de *ocupar cargos de direção e administração escolar* (9,6%). Observa-se que os professores com mais de 25 anos de profissão, da mesma forma que aqueles com menos de 4, apontam com destaque a opção *dedicar-se a outra profissão* (13,5%). Nesse caso, porem, é possível a hipótese de o desejo de se dedicar a outra atividade profissional se dever, em parte, à expectativa da aposentadoria, ao contrário do que ocorre com os iniciantes.

TABELA 74 – Proporção de professores, por tempo de magistério, segundo a aspiração profissional para os próximos cinco anos[1] – 2002

Aspiração Profissional para os próximos cinco anos	Tempo de magistério						Total
	Até 5 anos	De 6 a 10 anos	De 11 a 15 anos	De 16 a 20 anos	De 21 a 25 anos	Mais de 25 anos	
Permanecer na função atual, na mesma instituição	40,0	42,3	49,0	56,2	63,7	62,4	50,4
Ocupar cargos de direção e administração escolar	6,8	8,6	9,6	5,6	3,3	4,3	7,0
Permanecer na função atual, mas em outra escola	12,1	8,0	5,4	5,5	4,0	2,5	6,5
Realizar outra atividade profissional na área educacional	27,7	27,9	26,9	25,1	21,6	17,3	25,4
Dedicar-se a outra profissão	13,5	13,1	9,0	7,6	7,3	13,5	10,6
Total	100,0	100,0	100,0	100,0	100,0	100,0	100,0

Fonte: UNESCO, Pesquisa de Professores, 2002.
Notas: Foi perguntado aos professores: *Qual a sua principal aspiração profissional para os próximos anos?*
(1) Dados expandidos.

As análises aqui apresentadas indicam que, apesar dos problemas que cercam a profissão na atualidade, os professores não perderam a identificação com seu trabalho e têm expectativas positivas em relação a ele.

3.3 SOBRE QUESTÕES SOCIAIS EMERGENTES

3.3.1 Sobre Comportamentos na Esfera Pública e Privada

Ainda com o intuito de compreender os valores dos professores, em um sentido mais amplo, eles foram questionados sobre algumas práticas relacionadas à esfera pública e à privada.

No que concerne à esfera pública, foi apresentada aos pesquisados uma lista de 10 atos/atitudes, com três opções de marcação: *admissível, indiferente* e *inadmissível* (Tabela 75).

TABELA 75 – Proporção de professores, segundo a opinião sobre comportamentos na esfera pública[1] – 2002

Comportamentos na esfera pública	Opinião			Total
	Admissível	Indiferente	Inadmissível	
Passar na roleta do ônibus sem pagar	5,2	12,4	82,3	100,0
Faltar ao trabalho fingindo estar doente	3,1	7,5	89,4	100,0
Levar um produto de uma loja sem pagar	3,2	4,3	92,5	100,0
Agredir alguém fisicamente em resposta a um insulto	5,4	14,1	80,5	100,0
Não declarar à receita o total de suas rendas	10,2	30,1	59,7	100,0
Danificar bens públicos (orelhões, pra ças, etc)	0,4	1,4	98,3	100,0
Subornar funcionários públicos	0,9	3,6	95,5	100,0
Passar sinais de trânsito quando estão vermelhos	6,1	10,7	83,2	100,0
Mentir para conseguir um trabalho	10,8	18,8	70,4	100,0
Furar filas	7,4	20,4	72,2	100,0

Fonte: UNESCO, Pesquisa de Professores, 2002.
Notas: Foi perguntado aos professores: *De acordo com o(a) sr.(a), esses comportamentos são admissíveis ou inadmissíveis?*
(1) Dados expandidos.

Em sua maioria, os docentes consideram todos os atos/atitudes apresentados inadmissíveis. A proporção mais baixa refere-se a *não declarar à Receita o total de suas rendas* (59,7%). A mais elevada, 98,3%, diz respeito a *danificar bens públicos (orelhões, praças etc.)*.

Cabe ressaltar que, para dois desses itens, as proporções dos que consideram *admissível* ou que se dizem *indiferentes* a tais comportamentos estão acima da média: *não declarar à Receita o total de suas rendas*, além de ser citado com menor proporção como *inadmissível*, é considerado um comportamento *admissível* para 10,2% dos professores, enquanto 30,1% se posicionam como *indiferentes*. O outro item citado acima da média nessas mesmas categorias é *mentir para conseguir um trabalho*: *admissível* para 10,8% dos professores e *indiferente* para outros 18,8%.

No que se refere à esfera privada, os itens foram direcionados principalmente à relação com drogas e aos comportamentos afetivos e sexuais. Aqui se nota uma tendência diferente da identificada nas opiniões sobre comportamentos na esfera pública. Os professores se mostram menos flexíveis quando as normas de comportamento socialmente estabelecidas remetem à vida pessoal.

Conforme se observa na Tabela 76, dentre as 9 categorias relacionadas, 6 são consideradas *inadmissíveis* (com percentuais acima de 50%), enquanto 3 são consideradas *admissíveis* para a maior parte dos professores. As proporções dos itens *inadmissíveis* variam de 59,7% para o item *ter relações homossexuais* – que é admissível para 9,4% dos docentes pesquisados – a 96,5% para o item *usar drogas pesadas*. Destaca-se o fato de que os itens afetos ao uso da bebida (72,3%), da maconha (83,8%) e de drogas pesadas (96,5%), bem como o suicídio (92,7%), são aqueles considerados como inadmissíveis pela maior proporção de professores.

As proporções para os *admissíveis* vão de 42,3% para o item *ter relações sexuais sem estar casado* a 52,5% para o item *divorciar-se*. Observa-se, por um lado, que os três itens assim considerados estão situados nos campos afetivo e sexual. Por outro, percebe-se que as proporções de admissibilidade são menores que as atingidas pelos itens considerados como inadmissíveis.

Vale ressaltar que o posicionamento *indiferente* é citado com mais freqüência nas questões de ordem pessoal do que nas anteriores, relacionadas à esfera pública. Apesar de não ter alcançado a maior proporção de respostas em nenhum dos itens, essa posição está bem representada, pois em 6 dos 9 itens ela aparece com proporções variando de 20,9% (para *embriagar-se*) a 34,5% (para *ter relações sexuais sem estar casado*).

Na análise por sexo (Tabela A23), não há tendência de variação entre as professoras e os professores, ocorrendo somente algumas diferenças mais significativas em determinados itens, tais como: *embriagar-se*, considerado *inadmissível* para 60,0% dos homens e 75,1% das mulheres; e *ter relações sexuais sem estar casado*, considerado *admissível* para 39,9% das mulheres e 52,4% dos homens. Vale especial menção ao item *ter relacionamento pessoal com uma pessoa casada*, considerado *inadmissível* para 45,6% dos homens e 64,4% das mulheres e considerado *admissível* para 8,6% das mulheres e 19,2% dos homens.

TABELA 76 – Proporção de professores, segundo a opinião sobre comportamentos na esfera privada[1] – 2002

Comportamentos na esfera privada	Opinião			Total
	Admissível	Indiferente	Inadmissível	
Embriagar-se	6,8	20,9	72,3	100,0
Fumar maconha ocasionalmente	5,4	10,9	83,8	100,0
Usar drogas pesadas (heroína, etc)	0,5	3,0	96,5	100,0
Suicidar-se	1,7	5,6	92,7	100,0
Ter relações sexuais sem estar casado	42,3	34,5	23,2	100,0
Viver com alguém sem estar casado	49,0	30,2	20,8	100,0
Divorciar-se	52,5	30,5	17,0	100,0
Ter relacionamento pessoal com uma pessoa casada	10,6	28,6	60,9	100,0
Ter experiências homossexuais	9,4	30,9	59,7	100,0

Fonte: UNESCO, Pesquisa de Professores, 2002.
Notas: Foi perguntado aos professores: *De acordo com o(a) sr.(a), esses comportamentos são admissíveis ou inadmissíveis?*
(1) Dados expandidos.

Outro aspecto a ser destacado é o fato de, na opção admissível, à exceção do item *divorciar-se*, as proporções relativas às mulheres serem sempre inferiores às relativas aos homens. Vale nesse aspecto, atentar ao fato de que as primeiras parecem considerar em maior proporção aspectos relacionados à situações pessoais, como a importância de manter relações estáveis. Maior "liberalidade" sexual parece ser ainda vista como justificável mais para os homens do que para as mulheres.

3.3.2 Sobre a Criminalidade

O aumento dos índices de violência observado nos últimos anos explica, em parte, a preocupação, quase generalizada, com os aspectos da segurança pública. Se, por um lado, alguns setores da sociedade acreditam que as práticas de repressão contribuem para coibir tais ações, por outro, há um conjunto de pessoas para as quais a solução para esse tema deve passar por ações de caráter preventivo.

Com o intuito de situar os professores nesse debate, perguntou-se sobre que soluções haveria para o problema da criminalidade (Tabela 77).

As soluções apresentadas podem ser agrupadas em ações de caráter mais repressivo (*aumentar as penas para os delinqüentes* e *aumentar o número de policiais*) e ações de cunho preventivo (*resolver o problema de emprego* e *melhorar a educação dos jovens*).

TABELA 77 – Proporção de professores, segundo opiniões sobre soluções para o problema da criminalidade[1] – 2002

Soluções para o problema da criminalidade	Proporção (%)
Aumentar as penas para os delinqüentes	8,8
Aumentar o número de policiais	1,8
Resolver o problema do emprego	36,5
Melhorar a educação dos jovens	52,9
Total	100,0

Fonte: UNESCO, Pesquisa de Professores, 2002.
Notas: Foi perguntado aos professores: *Em relação ao problema da delinqüência e da criminalidade, o que o(a) sr.(a) considera mais adequado fazer? (Escolha apenas uma opção)*
(1) Dados expandidos.

A maioria dos professores acredita que a melhor solução é *melhorar a educação dos jovens* (52,9%). Em segundo lugar, vem *resolver o problema do emprego*, com 36,5% das respostas. Ou seja, coerentemente com sua função de educadores, as opções de cunho preventivo são as mais defendidas pelos professores.

3.3.3 Sobre Manifestações de Atitudes de Discriminação

O reconhecimento das diferenças é, nos dias de hoje, uma bandeira da luta política de diversos grupos sociais. Esse reconhecimento passa pela aceitação de que, em uma sociedade pluralista, na qual todos têm os mesmos direitos e deveres, as atitudes de discriminação devem ser combatidas, ao mesmo tempo em que se devem formar as novas gerações de acordo com esses preceitos. Nesse sentido, no Plano Nacional de Combate ao Racismo e à Intolerância (Brasil, 2001), é ressaltada a importância de se debater essas questões, especialmente no Brasil, dada a extensa veiculação da idéia de democracia racial e do estereótipo do brasileiro como "homem cordial", ideologias que acabam por naturalizar em nossa sociedade as desigualdades historicamente constituídas[31].

A fim de identificar manifestações de possíveis atitudes de discriminação em relação a grupos/categorias sociais ou étnicas diferentes, foi perguntado aos professores se eles se importariam em ter como vizinhos pessoas desses grupos/categorias (Tabela 78). Para efeito de análise, tais categorias foram organizadas em dois blocos: um definido a partir do pertencimento a categorias sociais estigmatizadas – seja por comportamentos diferentes da dita "normalidade social" ou por condições socioeconômicas – e o outro a partir de características étnicas ou de origem geográfica.

TABELA 78 – Proporção de professores, segundo opinião a respeito de ter determinados grupos sociais em sua vizinhança[1] – 2002

Grupo 1: categorias sociais estigmatizadas	Proporção (%)			Total
	Gostaria	Não gostaria	Indiferente	
Extremistas de direita	4,3	41,6	54,1	100,0
Extremistas de esquerda	5,9	39,6	54,5	100,0
Favelados	8,8	27,0	64,2	100,0
Homossexuais	6,8	21,2	72,0	100,0
Idosos	47,5	1,0	51,6	100,0
Pessoas com aids	9,8	11,4	78,8	100,0
Pessoas que já foram presas	4,1	42,8	53,0	100,0
Prostitutas	6,2	42,1	51,7	100,0
Viciados em drogas	2,3	69,2	28,5	100,0
Grupo 2: categorias étnicas / com características de origem	**Gostaria**	**Não gostaria**	**Indiferente**	**Total**
Indígenas	30,4	3,5	66,1	100,0
Negros	34,4	1,3	64,3	100,0
Nordestinos	35,2	2,5	62,1	100,0

Fonte: UNESCO, Pesquisa de Professores, 2002.
Notas: Foi perguntado aos professores: *Na lista seguinte existem vários grupos de pessoas. Quais dessas pessoas o(a) sr.(a) gostaria e quais o(a) sr.(a) não gostaria de ter como vizinho?*
(1) Dados expandidos.

[31] As desigualdades são mensuráveis: de acordo com o PNUD (Programa das Nações Unidas para o Desenvolvimento), o Índice de Desenvolvimento Humano (IDH) do Brasil, em 1999, situava o país na 74ª posição na escala mundial. Entretanto, considerando-se somente a população recenseada como branca, o país ascenderia à 43ª posição. Em situação distinta, caso se levasse em conta apenas a população negra (classificada como preta e parda nas estatísticas oficiais), a posição brasileira seria a 108ª, conforme estudos de pesquisadores ligados ao movimento negro (Sant'Anna, 2001).

As três possibilidades de respostas apresentadas aos professores revelam atitudes distintas em relação aos grupos em questão. A opção *indiferente* surge em maior proporção para as *pessoas com aids*[32] (78,8%) e para alguns dos grupos socialmente estigmatizados, especialmente aqueles em relação aos quais há campanhas/lutas antipreconceito, como os homossexuais. Registram-se ainda, com proporções significativas de respostas, as categorias étnicas, todas acima de 60%.

A categoria a respeito da qual os professores manifestam maior rejeição, ou seja, a que aparece com maior percentual de respostas na opção *não gostaria*, é a dos *viciados em drogas* (69,2%). Tal índice supera o da opção *indiferente*, situação que diferencia essa categoria de todas as demais.

A resposta *não gostaria* deve receber maior atenção aqui, pois é o indicador de quais grupos os professores poderiam rejeitar em sua convivência. Vê-se que as maiores proporções aparecem para os grupos sociais estigmatizados, com mais de dois quintos dos docentes dizendo que não gostariam de ter como vizinhos *pessoas que já foram presas* e/ou *prostitutas*. Logo em seguida, e com proporções um pouco menores, aparecem os *extremistas de direita* (41,6%) e os *extremistas de esquerda* (39,6%).

No bloco das categorias étnicas, as proporções para a resposta *não gostaria* são bem mais baixas do que no das categorias sociais estigmatizadas, reflexo, em parte, das lutas antipreconceito, como as que desenvolve o Movimento Negro, amplamente divulgadas pela imprensa e da própria complexidade que assumem as formas de racismo, não admitidas pela maioria da população, que, dentro da ideologia que identifica a sociedade brasileira como "uma democracia racial", nega a existência de qualquer tipo de discriminação dessa ordem.

Por fim, a opção *gostaria*, que indica uma maior flexibilidade na aceitação das diferenças, recebe maior proporção de respostas para o grupos dos *idosos* (47,5%), embora, no conjunto, as maiores proporções refiram-se ao bloco das categorias étnicas ou de origem: nordestinos (35,2%), negros (34,4%) e indígenas (30,4%).

[32] Embora esta não seja a denominação mais adequada, preferiu-se adotar, no questionário, a expressão *pessoas com aids*, por transmitir de modo mais amplo a idéia da possível manifestação de atitudes de discriminação em relação aos portadores de HIV.

Por faixa etária, há uma tendência de que os professores mais jovens assinalem mais a opção *gostaria* para a maior parte das categorias, o que decresce à medida que a idade ascende. Em contrapartida, os mais velhos assinalam mais a opção *não gostaria*, como se observa na Tabela 79.

TABELA 79 – Proporção de professores, por faixa etária, segundo opinião a respeito de ter determinados grupos sociais em sua vizinhança[1] – 2002

Grupo I: categorias sociais estigmatizadas	Opinião	Faixa etária					Total
		Até 25	de 26 a 35	de 36 a 45	de 46 a 55	acima de 55	
Viciados em drogas	Gostaria	3,2	2,7	2,0	2,0	1,6	2,3
	Não gostaria	66,9	70,8	68,6	68,1	71,5	69,2
	Indiferente	29,9	26,6	29,4	29,9	26,9	28,5
	Total	**100,0**	**100,0**	**100,0**	**100,0**	**100,0**	**100,0**
Pessoas que já foram presas	Gostaria	6,0	4,7	3,6	3,4	2,7	4,1
	Não gostaria	42,9	45,6	42,1	39,3	44,1	42,9
	Indiferente	51,0	49,7	54,3	57,3	53,2	53,0
	Total	**100,0**	**100,0**	**100,0**	**100,0**	**100,0**	**100,0**
Prostitutas	Gostaria	6,5	7,2	5,5	5,6	6,0	6,2
	Não gostaria	44,3	44,5	40,6	39,4	42,9	42,1
	Indiferente	49,2	48,3	53,9	55,0	51,1	51,7
	Total	**100,0**	**100,0**	**100,0**	**100,0**	**100,0**	**100,0**
Extremistas de direita	Gostaria	7,5	4,9	3,4	3,6	4,9	4,3
	Não gostaria	35,1	39,1	44,4	44,1	41,3	41,6
	Indiferente	57,4	56,0	52,3	52,3	53,8	54,0
	Total	**100,0**	**100,0**	**100,0**	**100,0**	**100,0**	**100,0**
Extremistas de esquerda	Gostaria	9,4	7,6	4,6	3,5	5,4	5,9
	Não gostaria	32,8	35,3	42,7	44,2	42,7	39,6
	Indiferente	57,8	57,1	52,7	52,3	51,9	54,5
	Total	**100,0**	**100,0**	**100,0**	**100,0**	**100,0**	**100,0**
Favelados	Gostaria	11,3	9,0	8,4	7,9	7,7	8,7
	Não gostaria	29,2	29,1	26,5	23,3	27,5	27,1
	Indiferente	59,5	61,9	65,0	68,8	64,8	64,2
	Total	**100,0**	**100,0**	**100,0**	**100,0**	**100,0**	**100,0**
Homossexuais	Gostaria	8,3	8,3	6,0	5,5	4,3	6,8
	Não gostaria	21,7	21,3	19,4	22,3	31,2	21,2
	Indiferente	70,0	70,3	74,7	72,2	64,5	72,0
	Total	**100,0**	**100,0**	**100,0**	**100,0**	**100,0**	**100,0**

TABELA 79 – (continuação)

Grupo 1: categorias sociais estigmatizadas	Opinião	Faixa etária					Total
		Até 25	de 26 a 35	de 36 a 45	de 46 a 55	acima de 55	
Pessoas com AIDS	Gostaria	13,2	10,6	9,5	7,2	9,1	9,8
	Não gostaria	10,0	10,8	11,1	13,0	18,2	11,5
	Indiferente	76,9	78,6	79,4	79,8	72,7	78,7
	Total	**100,0**	**100,0**	**100,0**	**100,0**	**100,0**	**100,0**
Idosos	Gostaria	52,4	46,9	46,9	47,5	47,0	47,5
	Não gostaria	1,1	0,9	0,7	1,5	0,5	1,0
	Indiferente	46,4	52,2	52,3	51,0	52,4	51,5
	Total	**100,0**	**100,0**	**100,0**	**100,0**	**100,0**	**100,0**
Grupo 2: categorias étnicas / com características de origem	**Opinião**	**Faixa etária**					**Total**
		Até 25	**de 26 a 35**	**de 36 a 45**	**de 46 a 55**	**acima de 55**	
Nordestinos	Gostaria	42,4	36,2	34,7	31,4	35,1	35,3
	Não gostaria	3,9	2,2	2,2	3,2	3,2	2,6
	Indiferente	53,7	61,7	63,0	65,5	61,6	62,1
	Total	**100,0**	**100,0**	**100,0**	**100,0**	**100,0**	**100,0**
Negros	Gostaria	45,7	35,5	32,8	30,6	33,0	34,5
	Não gostaria	1,4	1,0	1,2	1,7	1,1	1,3
	Indiferente	52,9	63,5	66,0	67,7	65,9	64,3
	Total	**100,0**	**100,0**	**100,0**	**100,0**	**100,0**	**100,0**
Indígenas	Gostaria	38,5	30,3	29,9	27,3	32,1	30,4
	Não gostaria	4,6	3,5	2,9	4,3	2,2	3,5
	Indiferente	56,9	66,1	67,1	68,4	65,8	66,1
	Total	**100,0**	**100,0**	**100,0**	**100,0**	**100,0**	**100,0**

Fonte: UNESCO, Pesquisa de Professores, 2002.
Notas: Foi perguntado aos professores: *Na lista seguinte existem vários grupos de pessoas. Quais dessas pessoas o(a) sr.(a) gostaria e quais o(a) sr.(a) não gostaria de ter como vizinho?*
(1) Dados expandidos.

Analisando a distribuição dos dados por região geográfica, conforme a Tabela 80, vê-se que a maior proporção de *gostaria* encontra-se na Região Norte. A única categoria que não é mais citada aqui é a dos *nordestinos*, mais corrente no Nordeste, como seria de se esperar.

TABELA 80 – Proporção de professores, por região geográfica, segundo opinião a respeito de ter determinados grupos sociais em sua vizinhança[1] – 2002

Grupo I: categorias sociais estigmatizadas	Opinião	Região geográfica					Total
		Norte	Nordeste	Centro-oeste	Sudeste	Sul	
Viciados em drogas	Gostaria	5,4	3,0	1,8	1,9	1,4	2,3
	Não gostaria	65,5	68,2	66,3	71,1	68,1	69,2
	Indiferente	29,1	28,7	31,9	27,0	30,5	28,5
	Total	**100,0**	**100,0**	**100,0**	**100,0**	**100,0**	**100,0**
Pessoas que já foram presas	Gostaria	10,2	6,8	4,6	2,5	2,0	4,1
	Não gostaria	35,8	40,5	35,6	45,5	45,6	42,9
	Indiferente	53,9	52,6	59,8	52,0	52,4	53,0
	Total	**100,0**	**100,0**	**100,0**	**100,0**	**100,0**	**100,0**
Prostitutas	Gostaria	17,3	10,6	5,2	3,3	3,9	6,2
	Não gostaria	33,6	36,3	39,2	45,2	46,9	42,1
	Indiferente	49,1	53,1	55,6	51,5	49,2	51,7
	Total	**100,0**	**100,0**	**100,0**	**100,0**	**100,0**	**100,0**
Extremistas de direita	Gostaria	12,4	6,3	2,6	3,1	2,6	4,3
	Não gostaria	36,6	40,3	37,0	42,8	44,6	41,6
	Indiferente	51,0	53,4	60,5	54,1	52,8	54,0
	Total	**100,0**	**100,0**	**100,0**	**100,0**	**100,0**	**100,0**
Extremistas de esquerda	Gostaria	13,2	8,7	5,1	4,5	3,3	5,9
	Não gostaria	32,3	37,6	36,8	40,9	43,1	39,6
	Indiferente	54,5	53,8	58,1	54,6	53,6	54,5
	Total	**100,0**	**100,0**	**100,0**	**100,0**	**100,0**	**100,0**
Favelados	Gostaria	23,5	14,5	8,5	4,7	5,6	8,7
	Não gostaria	13,6	23,5	20,6	29,7	33,9	27,1
	Indiferente	62,9	62,0	70,9	65,6	60,5	64,2
	Total	**100,0**	**100,0**	**100,0**	**100,0**	**100,0**	**100,0**
Homossexuais	Gostaria	12,7	9,3	5,1	5,5	5,4	6,8
	Não gostaria	26,1	29,2	20,5	15,7	22,8	21,2
	Indiferente	61,2	61,5	74,4	78,9	71,8	72,0
	Total	**100,0**	**100,0**	**100,0**	**100,0**	**100,0**	**100,0**
Pessoas com AIDS	Gostaria	21,2	14,4	9,3	7,1	6,1	9,8
	Não gostaria	15,1	15,1	8,2	8,7	14,2	11,5
	Indiferente	63,7	70,5	82,5	84,2	79,7	78,7
	Total	**100,0**	**100,0**	**100,0**	**100,0**	**100,0**	**100,0**

TABELA 80 – (continuação)

Grupo 1: categorias sociais estigmatizadas	Opinião	Região geográfica					Total
		Norte	Nordeste	Centro-oeste	Sudeste	Sul	
Idosos	Gostaria	67,6	63,9	51,0	38,0	38,9	47,5
	Não gostaria	2,3	1,4	0,3	0,5	1,3	1,0
	Indiferente	30,1	34,7	48,7	61,4	59,8	51,5
	Total	**100,0**	**100,0**	**100,0**	**100,0**	**100,0**	**100,0**
Grupo 2: categorias étnicas / com características de origem	**Opinião**	**Região geográfica**					**Total**
		Norte	**Nordeste**	**Centro-oeste**	**Sudeste**	**Sul**	
Nordestinos	Gostaria	48,8	67,9	36,8	20,2	20,9	35,3
	Não gostaria	4,0	1,1	1,5	2,8	4,3	2,6
	Indiferente	47,1	31,0	61,6	77,1	74,8	62,1
	Total	**100,0**	**100,0**	**100,0**	**100,0**	**100,0**	**100,0**
Negros	Gostaria	55,6	50,0	36,7	25,6	26,0	34,5
	Não gostaria	0,3	2,0	0,3	0,8	2,2	1,3
	Indiferente	44,1	48,0	63,1	73,7	71,8	64,3
	Total	**100,0**	**100,0**	**100,0**	**100,0**	**100,0**	**100,0**
Indígenas	Gostaria	44,4	42,5	29,8	24,6	22,8	30,4
	Não gostaria	5,7	5,0	2,3	2,2	4,6	3,5
	Indiferente	49,8	52,5	67,9	73,2	72,7	66,1
	Total	**100,0**	**100,0**	**100,0**	**100,0**	**100,0**	**100,0**

Fonte: UNESCO, Pesquisa de Professores, 2002.
Notas: Foi perguntado aos professores: *Na lista seguinte existem vários grupos de pessoas. Quais dessas pessoas o(a) sr.(a) gostaria e quais o(a) sr.(a) não gostaria de ter como vizinho?*
(1) Dados expandidos.

No que tange às respostas *não gostaria*, chamam a atenção as porcentagens referentes à categoria *favelados*, que variam de 33,9%, na Região Sul, a 13,6%, na Região Norte. Vale ressaltar que o bloco dos socialmente estigmatizados recebe maior proporção de respostas para essa opção na Região Sul. Na Região Nordeste se destaca o índice de 29,2% para *homossexuais*, sendo nela também e no Sul que os índices de rejeição a *negros* são mais expressivos (2,0% e 2,2%, respectivamente). A categoria *índios* tem maiores proporções de respostas em *não gostaria* nas Regiões Norte (5,7%), Nordeste (5,0%) e Sul (4,6%).

No que se refere à discriminação manifestada em relação à categoria *favelados,* vale ressaltar que a distância espacial e social entre favela e bairro vem sendo tratada em diversos estudos sobre as cidades brasileiras. Segundo Ribeiro e Lago (2001), a partir de estudo no Rio de Janeiro, as desigualdades oriundas dessas diferenças podem expressar mecanismos de segregação e/ou discriminação de certos segmentos sociais, que se evidenciam no mercado de trabalho quando usados como critério seletivo na distribuição das oportunidades ocupacionais ou diferenciador do salário. Para Barreira (1999), em estudo na cidade de Fortaleza, os espaços são vivenciados simbolicamente como universos que se interpenetram, mas não se permitem uma articulação.

> O modo fragmentado de ver a Cidade está presente nos depoimentos dos profissionais de ensino. Para eles, é como se houvesse duas cidades. (...) Este tipo de estigmatização, decorrente da nítida demarcação espacial da Cidade, é constantemente apontada pelos educadores como uma das causas que tem contribuído para diminuir os níveis de auto-estima dos jovens de periferia. Para eles, tal processo se revela nos jovens através da discriminação cotidiana que os torna 'estranhos' e os condena à condição de 'eternos suspeitos', principalmente aos olhos dos habitantes do outro lado da Cidade (BARREIRA, 1999: 42)

Mesmo considerando que a questão analisada focaliza a vizinhança e trate somente de opiniões que podem vir a se materializar em atitudes de discriminação, não é impossível a hipótese de que tais opiniões possam ter implicações para a atuação dos docentes na escola.

3.3.4 Sobre os Jovens

Para aprofundar a discussão sobre as percepções dos professores, é necessário conhecer sua visão sobre os jovens, dado serem estes, junto às crianças, seu principal público. Assim, foi a eles perguntado sobre o que pensam a respeito do grau de difusão de um conjunto de valores, comportamentos e atitudes entre os jovens (Tabela 81).

As respostas revelam um certo pessimismo em relação às novas gerações, sendo que, numa lista de 15 categorias, os docentes consideram que 14 estão "se enfraquecendo" entre os jovens de hoje. É significativo observar que a grande maioria pensa desse modo: pelo menos 60% dos professores consideram que 5 dos valores listados estão se enfraquecendo, a saber: *responsabilidade, sentido de família, seriedade, respeito aos mais velhos, tolerância.* Entre 50% e 60% dos professores consideram que outros 5 itens – *compromisso social, espiritualidade, honestidade, sentido do dever, ser esforçado* – estão já enfraquecidos. Apenas o item *amor à liberdade* é considerado fortalecido entre os jovens de hoje (52,3%).

TABELA 81 – Proporção de professores, segundo opinião sobre a fragilização ou o fortalecimento de determinados valores entre os jovens de hoje[1] – 2002

Valores entre os jovens[2]	Opinião				Total
	Fortalece-se	Mantém-se estável	Enfraquece-se	Não sabe	
O compromisso social	20,5	18,7	57,4	3,3	100,0
A responsabilidade	20,9	15,0	62,3	1,9	100,0
O sentido de família	21,9	14,6	61,6	1,9	100,0
A seriedade	18,7	18,5	60,3	2,4	100,0
A espiritualidade	22,6	20,9	52,1	4,3	100,0
A honestidade	21,1	24,9	50,4	3,5	100,0
O amor à liberdade	52,3	27,1	17,6	3,0	100,0
A identidade nacional	21,9	32,2	41,8	4,1	100,0
A generosidade	20,5	31,8	44,3	3,4	100,0
O sentido do dever	18,4	19,6	59,3	2,6	100,0
O respeito aos mais velhos	17,8	14,7	65,4	2,1	100,0
O cuidado com a natureza	33,9	21,3	42,4	2,5	100,0
O sentido de justiça	27,1	23,9	45,6	3,5	100,0
A tolerância	16,1	19,2	61,8	3,0	100,0
Ser esforçado	21,2	23,6	52,1	3,1	100,0

Fonte: UNESCO, Pesquisa de Professores, 2002.

Notas: Foi perguntado aos professores: *Qual a sua opinião sobre o fortalecimento ou a fragilização/enfraquecimento de alguns valores entre os jovens de hoje?*

(1) Dados expandidos.

(2) As respostas não são auto-excludentes.

Em recente pesquisa da UNESCO, intitulada "Ensino médio: múltiplas vozes" (ABRAMOVAY e CASTRO, 2003), foi possível perceber que os docentes apresentam representações ambíguas sobre a juventudes. Segundo o estudo, os professores do ensino médio consideram que os jovens são, em sua maioria, honestos, pacíficos, ordeiros e generosos. Entretanto, também acham que são mais rebeldes do que obedientes e mais malandros do que estudiosos.

Contudo, a ambigüidade nas percepções sobre os jovens não ocorre apenas entre os professores. Como já constatado em outras pesquisas também realizadas pela UNESCO, o dualismo na representação sobre as diversas juventudes é comum, sendo problemático quando aquele colabora com a reprodução de estereótipos adultocratas e maniqueístas.

Na análise por sexo, percebe-se que as professoras se mostram um pouco mais pessimistas que os professores: em 10 das 15 categorias – *o compromisso social, a responsabilidade, o sentido de família, a seriedade, o sentido do dever, o respeito aos mais velhos, o cuidado com a natureza, o sentido de justiça, a tolerância* e *ser esforçado* – as porcentagens de citação do enfraquecimento dos valores entre os jovens são maiores para elas, contra 5 categorias para os professores – *a espiritualidade, a honestidade, o amor à liberdade, a identidade nacional* e *a generosidade* (Tabela A24).

Ao observar as respostas dos professores segundo a faixa etária, é interessante constatar que os mais pessimistas em relação aos jovens são aqueles que possuem de 26 a 35 anos, ou seja, os professores ainda em início de carreira. Em contraposição, os mais otimistas são aqueles que estão acima dos 55 anos, já em vias de se aposentar (Tabela 82).

Em 13 das 15 categorias há maior proporção de professores de 26 a 35 anos que consideram que determinados valores estão se enfraquecendo entre os jovens, com porcentagens que variam do mínimo de 46,1% para o *cuidado com a natureza* ao máximo de 68,3% para o *respeito aos mais velhos.* A única exceção aqui é a *identidade nacional,* item mais mencionado por 44,0% dos professores de 36 a 45 anos, proporção maior que a citada pela faixa etária anteriormente mencionada. Mesmo o item *amor à liberdade* – único mencionado positivamente pela maioria dos professores – obteve maior índice de citações de seu enfraquecimento na faixa etária de 26 a 35 anos (18,1%).

TABELA 82 – Proporção de professores, por faixa etária, segundo opinião sobre a fragilização ou o fortalecimento de determinados valores entre os jovens de hoje[1] – 2002

Valores entre os jovens[2]	Opinião	Faixa etária					Total
		Até 25	de 26 a 35	de 36 a 45	de 46 a 55	acima de 55	
O compromisso social	Fortalece-se	21,5	18,2	20,7	23,8	22,0	20,5
	Mantém-se estável	21,0	18,2	18,8	18,3	18,3	18,7
	Enfraquece-se	56,3	60,3	57,5	53,4	52,9	57,4
	Não sabe	1,2	3,3	2,9	4,6	6,8	3,3
	Total	**100,0**	**100,0**	**100,0**	**100,0**	**100,0**	**100,0**
A responsabilidade	Fortalece-se	23,0	17,8	21,0	24,1	26,7	20,9
	Mantém-se estável	18,3	14,2	15,2	14,3	14,7	15,0
	Enfraquece-se	58,1	66,7	61,8	59,0	53,4	62,3
	Não sabe	0,7	1,3	2,0	2,6	5,2	1,9
	Total	**100,0**	**100,0**	**100,0**	**100,0**	**100,0**	**100,0**
O sentido de família	Fortalece-se	21,4	19,1	22,4	25,5	26,7	21,9
	Mantém-se estável	16,6	14,4	14,5	14,5	13,1	14,6
	Enfraquece-se	60,4	65,0	61,5	57,4	56,5	61,6
	Não sabe	1,6	1,6	1,7	2,6	3,7	1,9
	Total	**100,0**	**100,0**	**100,0**	**100,0**	**100,0**	**100,0**
A seriedade	Fortalece-se	18,9	16,1	18,1	23,2	25,7	18,7
	Mantém-se estável	23,8	17,0	19,3	17,3	17,3	18,5
	Enfraquece-se	55,1	64,8	60,3	56,5	51,3	60,3
	Não sabe	2,1	2,1	2,3	2,9	5,8	2,4
	Total	**100,0**	**100,0**	**100,0**	**100,0**	**100,0**	**100,0**
A espiritualidade	Fortalece-se	21,0	19,3	23,0	27,6	29,1	22,6
	Mantém-se estável	24,5	20,2	21,0	21,4	16,9	20,9
	Enfraquece-se	50,2	56,4	52,1	46,4	47,1	52,2
	Não sabe	4,2	4,2	3,9	4,7	6,9	4,3
	Total	**100,0**	**100,0**	**100,0**	**100,0**	**100,0**	**100,0**
A honestidade	Fortalece-se	19,8	18,4	21,2	25,0	29,5	21,1
	Mantém-se estável	26,1	24,8	26,2	22,6	21,6	24,9
	Enfraquece-se	51,1	53,0	49,3	48,8	44,7	50,4
	Não sabe	3,1	3,7	3,4	3,6	4,2	3,5
	Total	**100,0**	**100,0**	**100,0**	**100,0**	**100,0**	**100,0**
O amor à liberdade	Fortalece-se	54,3	49,9	53,3	53,1	54,4	52,3
	Mantém-se estável	27,2	29,8	25,7	25,1	25,7	27,1
	Enfraquece-se	16,6	18,1	18,0	17,2	15,2	17,7
	Não sabe	1,9	2,1	3,0	4,5	4,7	3,0
	Total	**100,0**	**100,0**	**100,0**	**100,0**	**100,0**	**100,0**

TABELA 82 – (continuação)

Valores entre os jovens[2]	Opinião	Faixa etária					Total
		Até 25	de 26 a 35	de 36 a 45	de 46 a 55	acima de 55	
A identidade nacional	Fortalece-se	24,9	21,1	20,5	23,8	25,8	21,9
	Mantém-se estável	34,1	34,2	32,0	28,7	26,8	32,2
	Enfraquece-se	37,6	40,7	43,7	43,0	38,4	41,8
	Não sabe	3,3	4,0	3,8	4,5	8,9	4,1
	Total	**100,0**	**100,0**	**100,0**	**100,0**	**100,0**	**100,0**
A generosidade	Fortalece-se	18,5	17,4	20,7	25,8	26,3	20,5
	Mantém-se estável	32,4	32,0	32,2	30,5	30,0	31,8
	Enfraquece-se	45,5	47,3	44,4	39,3	37,4	44,3
	Não sabe	3,5	3,3	2,7	4,3	6,3	3,4
	Total	**100,0**	**100,0**	**100,0**	**100,0**	**100,0**	**100,0**
O sentido do dever	Fortalece-se	18,5	15,2	18,6	22,9	23,7	18,4
	Mantém-se estável	22,9	17,6	20,4	19,9	21,1	19,6
	Enfraquece-se	56,1	65,0	58,5	53,8	51,1	59,3
	Não sabe	2,6	2,2	2,5	3,4	4,2	2,7
	Total	**100,0**	**100,0**	**100,0**	**100,0**	**100,0**	**100,0**
O respeito aos mais velhos	Fortalece-se	16,2	15,4	18,1	21,1	26,2	17,8
	Mantém-se estável	19,5	14,3	15,1	13,7	7,9	14,7
	Enfraquece-se	62,2	68,3	65,2	62,5	61,8	65,3
	Não sabe	2,1	2,0	1,7	2,7	4,2	2,1
	Total	**100,0**	**100,0**	**100,0**	**100,0**	**100,0**	**100,0**
O cuidado com a natureza	Fortalece-se	29,3	30,1	35,7	38,3	39,3	33,9
	Mantém-se estável	24,4	21,3	21,7	19,3	18,8	21,3
	Enfraquece-se	44,0	46,1	40,4	39,5	37,7	42,4
	Não sabe	2,3	2,5	2,2	2,9	4,2	2,5
	Total	**100,0**	**100,0**	**100,0**	**100,0**	**100,0**	**100,0**
O sentido de justiça	Fortalece-se	27,1	24,8	27,3	30,4	29,5	27,1
	Mantém-se estável	28,5	23,2	24,4	22,1	23,2	23,9
	Enfraquece-se	40,9	49,1	44,8	43,8	40,5	45,6
	Não sabe	3,5	2,9	3,5	3,7	6,8	3,5
	Total	**100,0**	**100,0**	**100,0**	**100,0**	**100,0**	**100,0**

TABELA 82 – (continuação)

Valores entre os jovens[2]	Opinião	Faixa etária					Total
		Até 25	de 26 a 35	de 36 a 45	de 46 a 55	acima de 55	
A tolerância	Fortalece-se	15,7	14,4	15,5	19,2	23,6	16,1
	Mantém-se estável	20,1	18,4	20,5	17,7	17,3	19,1
	Enfraquece-se	61,1	64,7	61,2	59,4	54,5	61,8
	Não sabe	3,0	2,5	2,8	3,7	4,7	3,0
	Total	**100,0**	**100,0**	**100,0**	**100,0**	**100,0**	**100,0**
Ser esforçado	Fortalece-se	25,5	18,9	20,2	24,5	26,5	21,2
	Mantém-se estável	26,2	23,6	24,0	21,5	22,8	23,6
	Enfraquece-se	46,3	54,6	52,8	50,4	45,5	52,1
	Não sabe	2,1	3,0	3,0	3,6	5,3	3,1
	Total	**100,0**	**100,0**	**100,0**	**100,0**	**100,0**	**100,0**

Fonte: UNESCO, Pesquisa de Professores, 2002.
Notas: Foi perguntado aos professores: *Qual a sua opinião sobre o fortalecimento ou a fragilização/enfraquecimento de alguns valores entre os jovens de hoje?*
(1) Dados expandidos.
(2) As respostas não são auto-excludentes.

Uma hipótese para explicar a descrença dos professores em relação aos jovens diz respeito aos diferentes períodos históricos que essas gerações viveram no Brasil. Estes professores, nascidos entre 1966 e 1976, cresceram durante os períodos de maior repressão às liberdades democráticas na sociedade brasileira recente. Também acompanharam o processo de redemocratização e, talvez, tenham até participado ativamente dele. Os jovens nascidos após a efervescência sociopolítica dos anos 1980 são considerados, pelos professores, menos imbuídos dos valores ligados à esfera pública.

Os professores otimistas, os mais velhos (acima de 55 anos), são os que, em maior proporção, mencionam o fortalecimento dos valores entre os jovens para todas as 15 categorias. As proporções variam do mínimo de 23,6% para a *tolerância* (bem acima da média de 16,1%) ao máximo de 54,4% para o *amor à liberdade* (pouco acima da média de 52,3% para a categoria).

As atitudes dos professores em relação às novas gerações, o principal grupo populacional com quem trabalham, são relevantes nesse contexto. A visão é particularmente negativa em relação aos valores pesquisados, os quais são indispensáveis a pelo menos dois pilares da educação para o século XXI: aprender a conviver e aprender a ser (Delors, 1998). Entre três quintos e dois terços dos pesquisados declaram que se enfraquecem, entre os jovens, valores como o compromisso social, a tolerância, a responsabilidade, o sentido da família, o respeito aos mais velhos, a identidade nacional e o sentido do dever.

Ou seja, a partir da visão dos professores em relação aos jovens, infere-se que os docentes têm dificuldades de pensar que os jovens possam contribuir, pelo menos de imediato, para a construção de uma sociedade mais justa e eqüitativa. O único valor que estaria se fortalecendo entre eles é o amor à liberdade, fato bastante positivo num país que emergiu há pouco tempo para a democracia. No entanto, se o amor à liberdade cresce par-a-par com a diminuição do compromisso, da responsabilidade, da honestidade, da generosidade e do desinteresse, é possível que tal liberdade seja o rótulo atribuído a atitudes supostamente individualistas e, eventualmente, predatórias em face da vida e da sociedade.

Vale aqui ressaltar, como afirma Farah Neto (2002), que, no Brasil, os jovens, de forma recorrente, aparecem, principalmente, no centro de questões ligadas à violência, às drogas: suas expressões, suas tentativas de atuar na construção de sua própria história são pouco visíveis aos olhos do restante da sociedade, incluindo-se aí a escola. Pouco se diz, entretanto, sobre quem, de fato, são esses jovens, sobre como vivem e como se relacionam. Por um lado, o temor e o sentimento de insegurança que o imaginário adulto associa ao jovem traduzem-se na ameaça que ele encarna para o mundo adulto. Por outro, quando se relaciona a questão da juventude à da cidadania, o que se focaliza, geralmente, são os problemas (ABRAMO, 1997).

Segundo Castro e Abramovay (2002: 16), a juventude não é vista como ator social independente, dotado de vontade, desejos, pensamentos e ações, capaz de *decodificar seu cotidiano e devolver à sociedade algum tipo de reação – o chamado capital cultural, que traduz o que querem os jovens, o que propõem os jovens, considerando suas experiências.*

Essas constatações devem ser levadas em conta ao se pensar as políticas para o magistério, pois enquanto os professores que mais acreditam nos jovens são aqueles em vias de se aposentar, os que menos acreditam neles são os que têm ainda uma longa estrada pela frente na atividade docente. E como ensinar a pessoas nas quais não se depositam muitas expectativas? É um desafio a mais que os jovens professores têm de enfrentar, além das dificuldades cotidianas encontradas nas escolas.

Características sociodemográficas dos professores:

- Do total dos professores entrevistados, 81,3% são mulheres e 18,6% são homens.
- A média de idade dos docentes é de 37,8 anos. Os professores jovens, com até 25 anos, somam 8,8% do total. Com mais de 45 anos se encontram 21,9% dos docentes. Os dados mostram que não há diferenças significativas na distribuição de homens e mulheres nas diversas faixas etárias.
- Com relação ao estado civil, os professores se declaram, em sua maioria, casados (55,1%), situação que não varia muito segundo o sexo. Chama a atenção o fato de 28,3% serem solteiros. Os pesquisados apontam para a presença de novas composições familiares (6,1%).
- A grande maioria dos professores já constituiu uma unidade familiar autônoma em relação à original (formada com seus pais): ao menos 71,6% deles declararam morar com a família nuclear que construíram.
- Os professores habitam com o cônjuge ou companheiro, com seus próprios filhos e/ou com os filhos do companheiro. Por conta da dificuldade de manter autonomamente a família que constituíram, ou ainda porque se responsabilizam por pais e irmãos, 26,9% dos professores declararam habitar junto com sua família nuclear original. Há também 4,4% que afirmam viver sozinhos, 5,3% que moram com outros parentes e 3,6% que moram com pessoas não-parentes.
- A grande maioria dos professores homens (72,7%) se considera chefe da família e 29,7% das mulheres classificam-se dessa maneira. Dos professores que não se consideram chefes de família, 28,4% responderam que cabe a seus filhos a chefia e 62,3% afirmaram que é seu cônjuge ou parceiro que ocupa essa posição.

- Percebe-se que as relações desiguais de gênero parecem ainda concorrer mais fortemente do que o nível de escolaridade e a participação na renda familiar para a determinação da chefia da família junto a parcela considerável do professorado.
- 63,3% dos docentes declararam haver outro professor na sua família. Entre esses, 35,1% têm irmãos professores e 12,5% têm mãe professora.
- A pesquisa constata que a escolaridade dos pais dos professores é bastante precária: 49,5% dos docentes têm os pais com o nível fundamental incompleto e cerca de 15% dos pais e das mães não têm nenhum grau de instrução.
- 61,6% dos professores trabalham em escolas localizadas nos municípios do interior, a quarta parte atua nas capitais, e os demais nas chamadas periferias urbanas.
- O tempo de trabalho e/ou experiência acompanham o vetor centro/periferia. Nos municípios com menos de 100.000 habitantes, a presença feminina no professorado é maior em termos absolutos e relativos, enquanto nos municípios mais populosos, com mais de 100.000 habitantes, a presença masculina é maior, relativamente.
- 45,3% dos docentes atuam na região Sudeste, a quarta parte na região Nordeste, 15,7% na região Sul, 7,8% na região Centro-Oeste e 6,0% na região Norte.
- Os dados da pesquisa revelam que 65,5% dos professores possuem renda familiar entre dois e dez salários mínimos e que 36,6% possuem entre cinco e dez.
- Há uma concentração de professores de renda familiar mais elevada nas escolas privadas. Esse percentual atinge 43,5%, se somadas as faixas de ganho de 10 a 20 salários mínimos e mais de 20 salários. Na escola pública, para essas faixas de ganho, obtém-se o índice de 27%.
- A região geográfica onde o professor trabalha se correlaciona com sua renda familiar: 12,3% dos professores da região Nordeste possuem renda familiar acima de 10 salários mínimos. Esse

percentual sobe para 22,5% entre os professores da região Norte; para 26,8% entre os da região Centro-Oeste; 27,8% entre os da região Sul; e 42,1% junto aos professores da região Sudeste.

- Aproximadamente um terço dos professores se autoclassifica como *pobre*. A maioria dos professores se considera pertencente à classe média baixa.
- A autoclassificação muda conforme o porte do município, o que sugere haver correlação entre o grau de urbanização e as formas de autoclassificação que identificam os professores.
- Nas escolas públicas, 52,6% dos professores consideram que seus alunos são de nível socioeconômico baixo, enquanto os professores das escolas privadas os classificam como de nível *médio* ou *médio-alto*.
- Há consenso entre os professores de que eles desfrutam de uma situação melhor que a dos seus pais.
- Em relação aos filhos dos docentes, constata-se que 54,0% deles estão matriculados na rede privada de ensino. A renda familiar parece interferir nessa tendência.

Características da trajetória profissional dos professores:

- A maior parte da trajetória escolar dos docentes deu-se em escolas da rede de ensino oficial.
- A formação inicial de praticamente metade dos professores brasileiros foi obtida em instituições públicas de ensino.
- De cada dez professores, sete começaram sua carreira em uma instituição pública e, atualmente, cerca de 8 trabalham nessa rede de ensino.
- 67,6% dos professores possuem curso superior. Os professores com apenas o ensino médio somam 32,3%. A formação do professor constitui variável correlacionada com sua renda familiar. A análise por região geográfica indica que a região Norte (14,8%) e a região Centro-Oeste (14,2%) são as que mais possuem professores sem a habilitação para o exercício do magistério.

- A maioria dos docentes (27%) declara ter entre seis e dez anos de serviço, enquanto 8,9% têm mais de 25 anos de profissão.
- 53% dos professores conseguiram seu primeiro emprego antes de concluir seus cursos de habilitação, sendo que a maioria iniciou a carreira em escolas públicas (70,3%), e 28,6% começaram a trabalhar em *escolas privadas*. Atualmente, 82,2% trabalham na escola pública e o restante atua em escolas privadas.
- Mais da metade dos professores afirma trabalhar em apenas *uma escola* e cumpre de 21 a 40 horas em sala de aula; um terço trabalha de 1 a 20 horas semanais. Encontra-se, ainda, uma porcentagem significativa (2,9%) de professores que trabalham em *quatro ou mais escolas*, o que representa mais de 48.000 docentes. Constata-se a tendência de professores do sexo feminino trabalharem em uma só escola (62,1%).
- A situação funcional atual dos docentes que atuam em escolas públicas aponta para 66,1% de concursados, 19,1% de contrato temporário e 9,2% de efetivos sem concurso, a maior parte destes na região Nordeste.

As atividades culturais dos professores:

- A maioria dos professores costuma freqüentar eventos culturais: museus, teatro, exposições em centros culturais, cinemas, *shows* de música. Entretanto, as atividades no âmbito doméstico sobrepõem-se às demais, como assistir a fitas de vídeo, por exemplo. 74,3% dos docentes afirmam que assistem à TV diariamente e 52,0% declaram que ouvem rádio diariamente.
- A metade dos professores indica ir ao cinema algumas vezes por ano. Quanto aos eventos esportivos, a freqüência de participação dos professores é, relativamente, baixa. Os clubes parecem constituir espaços de lazer e sociabilidade razoavelmente importantes.
- Quanto às atividades relativas às preferências culturais, os docentes destacam aquelas ligadas à profissão: a metade declara

que costuma ler materiais de estudo ou formação e revistas especializadas em educação. Além disso, 71,8% participam de seminários de especialização e 86,2% freqüentam a biblioteca.

- São relativamente poucos os professores que estudam ou praticam atividades artísticas: os que habitualmente estudam ou ensaiam teatro são 4,1% e os que afirmam nunca fazê-lo chegam a 66,1%; os que pintam ou aprendem a esculpir são 6,1% e os que nunca o fazem correspondem a 65,7% dos pesquisados.
- A maioria dos professores declara que nunca usa correio eletrônico (59,6%), não navega na Internet (58,4%) nem se diverte com seu computador (53,9%).
- 23,5% dos professores declaram que lêem jornal *1 ou 2 vezes por semana*; 9,5% que lêem *a cada 15 dias* e 3,7% que não lêem jornal *nunca*.
- Dentre os gêneros literários considerados mais interessantes pelos docentes, pedagogia/educação foi o que obteve maior número de respostas, sugerindo que eles ocupam parte do tempo livre com leituras relacionadas ao trabalho.
- A participação em associação religiosa é a atividade associativa mais freqüentemente informada pelos professores.
- Os professores das escolas públicas afirmam participar com mais freqüência de associações de cunho político e/ou reivindicatório. Os professores das escolas privadas são os que mais participam das associações de cultura e lazer.

Os professores e a educação:

- As duas finalidades da educação mais importantes para os docentes seriam *formar cidadãos conscientes* (72,2%) e *desenvolver a criatividade e o espírito crítico* (60,5%). A menos importante seria *selecionar os indivíduos mais capacitados*
- Os professores apresentam um acentuado grau de concordância com os principais aspectos da política educacional adotados recentemente no Brasil: os PCNs receberam a aprovação de

86,2% dos professores. Entretanto, cerca de 8,6% deles – o que representa 146.401 pessoas – manifestam discordância; 79,6% concordam com a criação do FUNDEF; 74,8% dão aval ao PNE. O SAEB é a medida mais polêmica, segundo os professores.

- 60% dos professores julgam que os impactos mais positivos da LDB incidiram sobre *inovações pedagógicas* e *democratização do acesso à educação.*
- A maioria dos professores concorda com a introdução de temas contemporâneos no currículo, tais como prevenção ao uso de drogas, saúde reprodutiva e violência.
- Dentre os fatores que mais influenciam a aprendizagem, os professores destacam, por um lado, *o acompanhamento e o apoio da família* (78,3%). A *relação professor/aluno* é o segundo fator considerado pelos docentes. Por outro lado a renda familiar mensal é o fator que mais influencia a percepção sobre as situações que consideram como um problema a ser enfrentado diariamente.
- *O tempo disponível para a correção de provas, caderno etc.* é a situação que os professores mais consideram como um problema para o exercício de suas atividades profissionais, à exceção dos professores situados na faixa de renda de 2 salários mínimos, que declaram ter mais dificuldades em lidar com a disciplina entre os alunos, com as características sociais deles e com a relação com os pais.
- Os professores acreditam que a introdução de novas tecnologias de informação engendrará impactos positivos na educação, mas não substituirá o fator humano no processo de ensino e aprendizagem.
- A maioria dos professores concorda que as universidades ou as instituições de educação superior são as instituições mais adequadas para oferecer formação docente.
- O estímulo mais eficaz na promoção da participação em cursos de formação continuada é o retorno em termos profissionais e salariais.

- Os professores discordam com maior ênfase das propostas de *prolongar o calendário escolar para melhorar a qualidade do ensino* e *prolongar a jornada escolar.*
- Quase metade dos professores se considera *mais satisfeita* agora do que no início da sua carreira (48,1%), e 15,3% estão *igualmente satisfeitos.* Os professores *menos satisfeitos* representam 24,3% e os *insatisfeitos* 12,3%.
- A maioria dos professores, apesar das dificuldades que enfrenta no cotidiano profissional, pretende permanecer na função que atualmente desempenha.
- Os dados coletados sobre as aspirações dos docentes indicam que mais da metade deles (50,2%) declara que sua principal aspiração profissional para os próximos anos é permanecer na função atual, na mesma ou em outra instituição de ensino.
- Chama a atenção que 10,7% dos professores declarem ter a intenção de se dedicar a outra profissão, o que indica que uma maioria expressiva dos docentes aspira a permanecer no campo da educação, apesar dos problemas cotidianos.

Percepção dos professores sobre valores sociais:

- Os professores tendem a defender condutas que condizem com os comportamentos considerados aceitáveis na convivência social, mas se mostram menos flexíveis quando as normas de comportamento socialmente estabelecidas se referem à vida pessoal.
- Os professores revelam-se pessimistas em relação às novas gerações: dos 15 valores citados no questionário, consideram que 14 estão mais fracos entre os jovens.
- Em relação às suas opiniões sobre comportamentos na esfera pública, a maioria dos professores considera *inadmissível* a maior parte das categorias mencionadas. As proporções variam de 59,7% para o item *não declarar à Receita o total de suas rendas* a 98,3% para *danificar bens públicos (orelhões, praças etc.).*

- Quanto às opiniões dos professores sobre comportamentos na esfera privada, dentre os itens relacionados na pesquisa, 6 são considerados *inadmissíveis*, enquanto 3 são considerados *admissíveis*. As proporções dos comportamentos *inadmissíveis* variam de 59,7%, para *"ter relações homossexuais"*, a 96,5%, para *"usar drogas pesadas"*. Os considerados *admissíveis* vão de 42,3% para *"ter relações sexuais sem estar casado"* a 52,5% para *"divorciar-se"*.
- Em relação às opiniões sobre o papel político do professor, a proposição que obtém o maior índice de concordância é a de que *O professor deve desenvolver a consciência social e política das novas gerações*, com 91% dos professores declarando graus *muito alto* e *alto* de concordância.
- Os professores se dividem quanto à proposição de que *O professor deve evitar toda* forma *de militância e compromisso ideológico em sala de aula*. A maioria das respostas se concentra no grau *médio* de concordância (24,5%), embora os extremos também apresentem valores significativos (23,3% em *muito alto*, e 19,9% em *muito baixo*).
- Quando questionados sobre as pessoas que gostariam de ter como vizinhos, a categoria para a qual os professores mais respondem *não gostaria* é a dos viciados em drogas (69,2%). Esse é o único grupo em que a porcentagem de *não gostaria* supera a de *indiferente*.
- A maioria dos professores acredita que a melhor solução para reduzir a criminalidade é *melhorar a educação dos jovens* (52,9%), seguida de *resolver o problema do emprego* (36,5%). As opções de cunho preventivo são mais defendidas pelos professores do que as repressivas.

4. CONSIDERAÇÕES FINAIS E RECOMENDAÇÕES

4.1 CONSIDERAÇÕES FINAIS

Analisar o perfil dos professores da educação básica no Brasil exige, necessariamente, uma profunda reflexão sobre o sistema educacional brasileiro, que ainda se caracteriza por elevados índices de analfabetismo, repetência e evasão, formando um quadro de baixa escolaridade e colocando em questão a qualidade do ensino no país. Sem dúvida, tal realidade é impulsionada por uma conjunção de diversos fatores, relacionados às esferas econômica, política e social.

Desde a última década, o agravamento dessa situação tem produzido um reflexo imediato na discussão sobre o papel do professor, o que já era esperado, considerado o fato de ser o professor a "tecnologia de ponta do processo educativo", provocando o que muitos autores vão chamar de "crise de identidade do magistério" (Candau, 1997). Nesse contexto, é sobre o professor que se deposita a maior carga de responsabilidade pelo chamado "fracasso escolar". Entretanto, como lembra Nóvoa (1999), *os professores não são anjos nem demônios. São apenas pessoas (e já não é pouco!). Mas pessoas que trabalham para o crescimento e a formação de outras pessoas. O que é muito.*

Dessa forma, é importante destacar que a tensão que atravessa a identidade dos professores tem vínculo bastante próximo com as transformações que marcam as sociedades contemporâneas, exigindo novos compromissos e conhecimentos desses profissionais, que sofrem diretamente as contradições do mundo social, estando cotidianamente à frente dos inúmeros dramas sociais (Bourdieu,1998).

Nessa perspectiva, o perfil aqui apresentado deve ser lido relacionado às tantas outras questões que compõem o fenômeno educacional. Conforme ressalta Libâneo (2004):

> Há, certamente, professores com bom nível de competências e habilidades profissionais, social e eticamente comprometidos com seu trabalho. Entretanto, as deficiências de formação inicial e a insuficiente oferta de formação continuada, aliadas a outros fatores desestimulantes, têm resultado num grande contingente de professores mal preparados para as exigências mínimas da profissão (domínio dos conteúdos, sólida cultura geral, domínio dos procedimentos de docência, bom senso pedagógico). Há dificuldades dos professores em lidar com novos problemas sociais e psicológicos que acompanham os alunos que entram na escola (familiares, de saúde, de comportamento social, concorrência dos meios de comunicação, desemprego, migração...). Mais uma vez, não se trata de culpabilizar os professores, eles não respondem sozinhos pelos fracassos da escola, atrás deles estão as políticas educacionais, os baixos salários, a formação profissional insuficiente, a falta de condições de trabalho, falta de estrutura de coordenação e acompanhamento pedagógico etc. Mas para quem gostaria de ver as crianças e jovens aprendendo cidadania, dominando conceitos das disciplinas escolares, desenvolvendo seus processos e habilidades de pensamento... não há como não se decepcionar com os resultados apresentados.

Os professores brasileiros estudados neste trabalho compõem um universo de contrastes, de diferenças e de possibilidades. Mais que isso, é nas suas respostas que estão as pistas a serem seguidas, no sentido de se chegar ao desenho de uma política pública mais democrática, capaz de resgatar a dignidade desses profissionais, fundamentais para a formação das novas gerações e para a construção de uma sociedade mais justa. Claro que essas respostas devem ser interpretadas à luz de análises que expliquem tensões entre o que nelas se expressa e as práticas efetivamente estabelecidas, em razão do hiato existente entre o discurso anunciado e as práticas cotidianas.

Compreender quem são esses professores e em que condições se fazem professores é fundamental, para contribuir na construção de paradigmas que possam estabelecer novas exigências e responsabilidades, rompendo com estigmas e estereótipos e aproximando o ofício do magistério do tempo e do espaço hoje.

Nessa direção, a análise dos dados pesquisados centrou-se, por um lado, na ampliação do olhar sobre o sistema educacional brasileiro, percebendo como o professor vem se inserindo nesse quadro e quais os limites e possibilidades da sua tarefa no dia-a-dia das escolas. Por outro, na elaboração do perfil demográfico, cultural, social e profissional dos docentes do ensino fundamental e médio, para entender sua prática, reconhecer implicações diretas e indiretas na sua performance e repensar novos campos de formação.

Nessa perspectiva, um primeiro dado a ser ressaltado é o fato de os professores acompanharem uma tendência em responder as questões apresentadas dentro de padrões que os possam valorizar, frente ao que hoje é estabelecido como o "politicamente correto". Suas respostas parecem refletir uma preocupação em se mostrar e tentar estar identificados com valores relativos ao "educador intelectual", conforme a concepção de Anísio Teixeira, ou com o "professor crítico-reflexivo", na perspectiva de Paulo Freire. Alguns temas apresentados, se lidos sem uma reflexão mais aprofundada e sem estar relacionados com os graves problemas explicitados no quadro educacional brasileiro, podem dar a entender que, na sua grande maioria, os professores do país estão munidos de recursos suficientes para ultrapassar o senso comum e entender e aceitar, com muita facilidade e desenvoltura, as novas situações e exigências educacionais e sociais.

Entretanto, correlacionando esse dado com uma série de estudos desenvolvidos, particularmente pela própria UNESCO, percebe-se, ainda, que grande parte dos docentes reflete, de modo geral, o imaginário da sociedade brasileira, contemporizando e minimizando situações de exclusão e desigualdades e reproduzindo nas suas práticas situações de violência simbólica, dificilmente mensuráveis.

Claro está que, em diversas dimensões pesquisadas, particularmente aquelas relacionadas com a função e o papel dos professores na sociedade, a tendência expressa se dá no sentido de respostas que seguem um certo código dominante de percepções, o que, sem dúvida, encobre a pluralidade de suas condições de vida e trabalho.

Um outro dado de extrema relevância é o fato de os professores brasileiros apresentarem-se profundamente empobrecidos. A grande maioria tem renda familiar situada entre 2 a 10 salários mínimos, o que coloca em questão as políticas de valorização do magistério que foram impulsionadas pela Lei nº 9.424/96, que estabelece o Fundo de Manutenção e Desenvolvimento do Ensino Fundamental e de Valorização do Magistério. Fica evidente, também, a diferença entre as rendas dos familiares dos professores com nível médio e as daqueles com nível superior, assim como as dos que atuam nas diferentes regiões do País – os do Norte e do Nordeste tendo renda média familiar bem inferior à daqueles do Sudeste –, reproduzindo as históricas diferenças sociais que marcam a sociedade brasileira.

No entanto, a despeito da faixa de renda, a maioria dos professores afirma ter uma situação de vida melhor que a de seus pais, assim como um nível de escolaridade superior ao deles. Vale destacar que a superação dos docentes em relação a seus pais, no que tange ao nível de escolaridade, revela um dado expressivo de mobilidade social ascendente, a despeito do fato de a profissão estar desvalorizada.

Considerando a insatisfação dos professores com os baixos salários, a mobilidade geracional pode estar muito mais relacionada com o *status* social ocupado dentro de um mesmo agrupamento do que com a remuneração e os bens adquiridos. O fato de ser professor pode colocar o docente em posição hierarquicamente superior, principalmente aquele oriundo de grupos com escolaridade extremamente baixa. A posição ocupada pode estar trazendo benefícios indiretos, mas nada desprezíveis para ampliar a circulação desse sujeito na sociedade.

Cabe registrar, ainda, as imensas desigualdades regionais e as perceptíveis diferenças em termos de professores das escolas particulares e das escolas públicas. De um modo geral, os professores da escola pública estão em condições econômicas e sociais inferiores aos das escolas privadas. Tal fato corrobora as análises que afirmam que a sociedade brasileira é profundamente desigual e este é um dos principais problemas a serem enfrentados no campo das políticas públicas. Vale destacar que um terço dos professores se considera pobre e pouco mais da metade se identifica como de classe média baixa.

O baixo nível de renda dos professores também impacta significativamente o acesso dos mesmos as novas tecnologias, especificamente ao computador e à Internet. Segundo levantamento realizado, pouco mais da metade deles tem computador em casa. Considerando ser hoje a Internet um instrumento fundamental de acesso à informação e que a atualização dos professores é requisito básico para o exercício da docência, esse recurso educativo não pode ser visto apenas como mais um bem de consumo, mas como ferramenta essencial para a prática docente.

Nesse conjunto de ferramentas pode ser destacada, também, a necessidade dos canais de televisão educativa, públicos e privados, serem acessados de forma mais direta pelos professores, pelas escolas e seus alunos. Os canais educativos têm sido considerados, pela qualidade da programação, importantes recursos de formação para a ampliação do universo cultural de professores e alunos, considerando, inclusive, o apelo simbólico que a televisão exerce no imaginário da população brasileira. Na pesquisa, fica claro que a televisão é o veículo ao qual o professor tem maior acesso, como telespectador.

Um outro aspecto a ser destacado é a aparente satisfação dos docentes com sua profissão, quase metade deles se considerando "mais satisfeita agora do que no início da sua carreira". Em adição a tais constatações, um número superior a 50% dos docentes declara que sua principal aspiração profissional para os próximos anos é permanecer na função atual, na mesma ou em outra instituição de ensino. Mas são exatamente os docentes com formação no ensino superior os que, proporcionalmente, mais desejam se dedicar a outra profissão[33]. O forte desejo da maioria de permanecer na profissão pode constituir uma base propícia para reformulações que permitam valorizar a profissão docente, para garantir a sua permanência em sala de aula.

[33] Cabe alertar para o fato de que não basta observar a demanda atual de professores sem considerar a expansão do sistema, que tem seu referencial estratégico definido pelo Plano Nacional de Educação. Para o ensino fundamental de 1ª a 4ª séries, diante da redução esperada nas matrículas, considerando a manutenção do cenário de políticas para a regularização do fluxo escolar, a expectativa para 2006 implicará redução de 150 mil postos de professores. Esses profissionais poderão ser remanejados para outros níveis de ensino, em especial para a Educação Infantil. No ensino fundamental de 5ª a 8ª séries, também em função do cenário de adequação do fluxo escolar, até o ano de 2006, deverão ser necessários 98 mil novos professores. Por fim, para o ensino médio, que passa por um processo de grande expansão, a necessidade estimada é de um incremento de 125 mil novos docentes (MEC/INEP, 2003).

No que tange às famílias, requer um destaque a percepção dos professores sobre a sua importância no processo educacional. Esta evidência se legitima no processo de definição de políticas públicas no campo da educação, através da LDB, dos Parâmetros Curriculares e dos Referenciais para a Formação do Professor, que vêem como necessária a participação e a inclusão de pais no processo educativo. Incentiva-se a organização de grupos de pais e, atualmente, eles fazem parte dos conselhos escolares, podendo decidir, junto à equipe da escola, sobre vários assuntos, desde o traçado de prioridades à alocação de verbas, à promoção de eventos etc. Estas iniciativas vêm corroborar a necessidade de enfrentar e romper o ciclo vicioso de culpabilização "escola x família" e "família x escola", tão presente na justificativa do fracasso escolar.

Gradativamente, a presença dos pais e da comunidade tem sido considerada como uma ampliação das possibilidades, tanto da escola quanto das famílias. É relevante também, o fato de a grande maioria dos professores acreditar que as comunidades onde atuam consideram sua escola de bom nível. Isto significa dizer que, apesar das dificuldades e dos problemas, a maior parte dos docentes precisa do reconhecimento e da aprovação das comunidades para o que sua escola está desenvolvendo. Esse dado é importante, na medida em que revela uma preocupação com o olhar do outro sobre o seu próprio trabalho. Vale ainda lembrar que existe um consenso em torno da impossibilidade de se fazer educação no âmbito restrito da escola nas sociedades contemporâneas, considerando, prioritariamente, a complexa realidade social. Dessa forma, a escola vem ganhando expressões, programas e projetos que incorporam tais concepções, como "comunidade escolar", "escola aberta", "amigos da escola" e "escola parceira", entre outros.

No que tange à legislação, ficam claros os impactos positivos gerados pela Lei de Diretrizes e Bases da Educação, Lei nº 9.394/96. De um modo geral, os professores sinalizam que a educação melhorou, impulsionando melhores condições de trabalho e de infra-estrutura do estabelecimento onde lecionam. Suas avaliações quanto aos impactos da LDB são positivas, tanto em termos das inovações pedagógicas quanto da democratização do acesso à educação e da melhoria da organização do ensino em função de sua maior participação nos processos de tomada de decisão.

Sobre os jovens, a opinião dos professores merece um registro especial. O que se observa é que seguem uma tendência de reproduzir uma visão bastante recorrente, que percebe os jovens como principais depositários de uma série de problemas sociais. Identificam neles o enfraquecimento de uma série de valores éticos e morais, considerando que apenas o "amor à liberdade" é um valor bastante fortalecido na chamada condição juvenil. Com isso, espelham percepções que identificam o jovem como um eterno descompromissado e reduzem a possibilidade de olhar a juventude na sua diversidade e pluralidade. Conforme analisa Novaes (1998: 5), a juventude simboliza os dilemas da contemporaneidade, sendo vista como *lugar privilegiado para a expressão de todo o mal estar social*. Traz inquietações e evoca *problemas sociais tais como violência, ócio, desperdício e irresponsabilidade.* Tal fato reveste-se de importância, posto que esse tipo de visão afeta a qualidade das relações com os alunos, reforça uma série de estigmas e estereótipos, tendo a escola e, particularmente, os docentes um importante papel a cumprir na promoção de novos caminhos e saídas.

Ao mesmo tempo em que, de alguma forma, parcela significativa dos professores aponta a dificuldade de trabalhar com o segmento juvenil, sinaliza, também, a importância do impacto da relação professor/aluno no processo de ensino/aprendizagem. Como eles próprios afirmam, essa relação – que deveria estar baseada na confiança e na crença da capacidade dos alunos – é o segundo fator, em termos de importância, entre os que mais influenciam a aprendizagem. Em recente publicação da UNESCO no Brasil sobre escolas que inovam nas suas práticas cotidianas (Abramovay et al., 2003), constatou-se que as escolas bem-sucedidas são aquelas que investem no diálogo com seus alunos e na valorização da escola como um todo, rompendo preconceitos e dando visibilidade e tratando com respeito os atores que estão inseridos nesse cenário.

Refletindo sobre o investimento que foi impulsionado por uma série de medidas no âmbito das políticas públicas pós-LDB, a maioria dos docentes possui formação de acordo com o estabelecido pela legislação em vigor. Entretanto, chama a atenção o fato de que os professores sem formação pedagógica, tanto de formação superior quanto de formação média, na maioria, têm menos tempo de profissão, o que permite concluir que, no processo de seleção de novos docentes, os sistemas de ensino não estão privilegiando a formação especializada como critério para o ingresso na carreira. Fica claro que o referido problema, apesar de aparecer em todo o Brasil, é mais grave nas regiões Norte e Centro-Oeste, onde cerca de 15% dos profissionais estão sem a habilitação adequada ao exercício do magistério, isto é, com apenas o ensino médio regular, sem formação pedagógica ou com ensino superior também sem licenciatura.

No que tange à necessidade de políticas públicas que estimulem a formação dos professores, a pesquisa mostra que, acompanhando a busca de novos temas e metodologias, é importante que se criem mecanismos que contribuam para a adesão dos professores aos processos de formação continuada e que, por conseqüência, ampliem seus impactos sobre o ensino e sua atuação em sala de aula, já que, conforme alerta Paiva (2004: 32), *a educação continuada é indispensável para acompanhar a velocidade e a contemporaneidade do desenvolvimento das ciências, técnicas, tecnologias, das artes, das expressões, linguagens, culturas, enfim, que o mundo, especialmente a partir do fenômeno da globalização, confere à história*. A resposta dos docentes a essa questão reflete uma postura bastante pragmática frente a sua tarefa educativa: a maioria declarou que gostaria de participar de formação continuada se existisse um estímulo, como aumento salarial ou incentivo a plano de carreira.

Contudo, o questionamento que se faz diz respeito ao lugar e ao momento mais propícios para o aprendizado dos conhecimentos e saberes necessários à prática docente. O espaço de aprendizado, por excelência, dos professores seria a instância de formação inicial, a de formação continuada ou o próprio exercício da profissão? Essa polêmica insere-se em uma discussão que ainda persiste e tem continuidade, segundo Freitas (2002), na luta de educadores para a reformulação dos cursos de formação dos profissionais de educação e no processo de definição de políticas públicas no campo da educação.

O debate sobre qual o perfil de professor desejável e como deve ser a formação desse profissional ainda vigora. No entanto, independente de consensos e dissensos sobre o professor e a formação, o que se espera é um profissional atento às condições sociais em que está inserido. Assim, tratar da formação dos professores implica, necessariamente, em tratar das condições para que tais conhecimentos sejam elaborados e, também, em tratar do cenário que a carreira do magistério apresenta na condição de perspectiva profissional.

O estudo sobre o perfil dos professores pode sinalizar importantes veios para a formação, tanto a inicial como a continuada. Particularmente no que se refere a valores sociais gerais, encontra-se uma zona de muitos conflitos para os professores, como é o caso das práticas relacionadas ao consumo de drogas lícitas e ilícitas, à orientação sexual, à sexualidade, entre outros. É urgente, também, trabalhar aspectos relacionados aos novos sujeitos-alunos, na tentativa de ultrapassar as barreiras existentes e promover o diálogo intergeracional. Isto porque, sem dúvida, a manutenção e reprodução de práticas conservadoras, por parte dos professores, pode atingir diretamente a auto-estima dos alunos.

É fundamental ressaltar que, em relação a diferentes grupos, categorias sociais ou étnicas, que vêm sendo foco das chamadas políticas de ação afirmativa na última década no Brasil, como é o caso dos índios, negros, idosos e homossexuais, os professores apresentaram um elevado grau de tolerância. No caso, os idosos receberam o maior índice de aprovação como opção de convivência. Já os homossexuais receberam o maior índice de indiferença quanto a situações de convivência, o que reflete avanços impulsionados por políticas e legislações inclusivas.

Outro fator importante a ser incorporado é a construção de políticas que dêem conta da ampliação do acesso à cultura por esses profissionais. Os dados expressam baixíssimos níveis de participação no que se refere aos patrimônios culturais, ficando a preferência cultural vinculada ao que os professores têm maior facilidade de acesso, as "indústrias culturais". Já no caso das preferências relacionadas à leitura, a tendência da maioria dos docentes foi a de apontar os livros sobre educação e pedagogia, além de livros e revistas científicos. As respostas podem estar relacionadas tanto com a preocupação em responder dentro de padrões valorizados no campo profissional em questão como, também, com a ausência de práticas de leituras diferenciadas – como a literatura, de um modo geral – na sua trajetória pessoal e profissional, incluindo os processos de formação.

Da mesma forma, merece especial atenção, no âmbito das finalidades da educação, o fato de a grande maioria dos professores pesquisados secundarizarem a tarefa de transmitir conhecimentos atualizados e relevantes e proporcionar conhecimentos básicos para os seus alunos. Em suas respostas, os professores privilegiam como finalidade da educação a formação de cidadãos conscientes e o desenvolvimento da criatividade e do espírito crítico. Entre outras análises, essas idéias podem estar camuflando um *déficit* de conhecimentos, como, também, demonstrando a rapidez e a forma superficial e aligeirada com que os novos aportes teóricos são introduzidos na escola e nos cursos de formação, sem o tempo necessário de maturação e reflexão.

Portanto, os dados do estudo aqui apresentado demonstram a necessidade de investimento em um processo amplo e de políticas públicas integradas, com ênfase na valorização do magistério, compreendido sob as mais diferentes conjunções. Para Neidson Rodrigues (2001: 244):

> (...) a Ação Educativa, enquanto Ação Formativa, é uma atividade extremamente complexa e de alta responsabilidade. Segue um percurso não espontâneo e casual e, em suas formas mais complexas e elevadas, deve ser conduzida por pessoas qualificadas para exercer a função de Educar. Mas é bom que se atente para a consideração de que ela não pode ser de responsabilidade de nenhum indivíduo isoladamente, nem mesmo de qualquer instituição especializada. Nenhum indivíduo isoladamente, por melhor preparo que tenha, será capaz de oferecer a outro a plenitude da formação de que ele necessita, bem como nenhuma instituição, ainda que seja definida como educativa, poderá dar conta desse papel. Essa tarefa é de responsabilidade social.

Deve-se atentar ao fato de que apenas o aumento da oferta dos cursos de formação inicial e continuada dos professores não tem vencido a batalha de um ensino de qualidade na sala de aula. Na última década, pode-se perceber a proliferação de cursos de formação inicial e continuada, cuja atuação, entretanto, não garante um nível de qualidade capaz de contribuir para o enfrentamento do problema no país. Mais uma vez, constata-se a necessidade imperiosa de se construírem políticas públicas que entendam o direito à educação como garantia de um acesso com qualidade, não se podendo mais trabalhar o acesso dissociado da preocupação com a qualidade e, conseqüentemente, com o trabalho em sala de aula.

É imprescindível, pois, elevar a qualidade do "possível" na construção de políticas públicas para os professores do Brasil. Somente dessa maneira o país poderá propiciar as condições necessárias para produzir o "professor educador".

Nesse sentido, o perfil aqui traçado buscou mostrar que existe um campo fértil para promover uma série de medidas que contribuam para melhorar a qualidade da educação no país. Contudo, não se pretendeu construir um tipo de professor homogêneo. Ao contrário, para cada situação ou posição apresentada, considerou-se, ao lado daquela respondida pela maioria, uma série de outras situações e percepções que, em números absolutos, podem estar representando forças bastante significativas na sociedade brasileira, refletindo um momento de tensão e embates. A pluralidade permite identificar parcelas de professores bem mais abertos às novas demandas de seu tempo, aos novos sujeitos sociais, aos novos temas curriculares e aponta para a possibilidade de se promoverem estratégias que apostem em laços sociais menos competitivos e mais solidários.

É possível que esteja no momento atual a última chance de se promoverem políticas publicas explícitas de inclusão, no que se refere a uma educação que garanta o acesso, a qualidade, a permanência e o aprendizado. Dessa forma, a democratização e a modernização do país, a médio e a longo prazos, poderão ter na escola e no professor um dos investimentos mais seguros para a renovação da educação, o que, sem dúvida, será muito bom para professores e alunos, mas melhor ainda para o conjunto da sociedade.

4.2 RECOMENDAÇÕES

As recomendações aqui apresentadas foram elaboradas a partir do panorama construído ao longo da pesquisa sobre os docentes brasileiros: quem são, onde trabalham, sua constituição familiar, renda, autoclassificação social, tipo de habilitação, tempo de magistério, entre outros aspectos abordados. Foi também possível delinear o que os professores pensam sobre a educação e as políticas educacionais, os currículos, os fatores que dificultam ou facilitam a aprendizagem e os temas emergentes na sociedade brasileira. Neste sentido, a trajetória dos professores será determinante para a definição de políticas educacionais voltadas a eles, a carreira, a formação e a melhoria da qualidade do ensino no Brasil.

Vale destacar que os dados indicam a necessidade de políticas educacionais, com ênfase na superação dos desequilíbrios observados por região e pelo porte do município.

Aspectos Gerais

- Investir em políticas capazes de contribuir para a atenuação/eliminação das disparidades regionais existentes no campo da educação, notadamente no que tange à formação e à remuneração dos professores;
- Investir em avaliações e pesquisas que possam identificar estratégias inovadoras que dão ênfase à qualidade, no âmbito da prática dos professores e das escolas, como também à compreensão dos novos sujeitos que compõem o cenário da escola: professores e alunos;
- Investir em instrumentos e mecanismos que possibilitem uma melhor avaliação da qualidade da oferta de formação continuada para os professores e dos resultados efetivamente observados sobre a qualidade do ensino como um todo;
- Desenvolver mecanismos que tornem as avaliações mais acessíveis para os professores e para os gestores das escolas e das redes de ensino, servindo de parâmetro para a avaliação da escola e dos processos de formação continuada dos profissionais;

- Estimular a incorporação de temas emergentes na sociedade ao currículo escolar, a partir de práticas pedagógicas criativas e inovadoras;
- Regulamentar a capacitação em serviço, prevista pela LDB, a fim de que se minimizem os problemas levantados pelos professores para o exercício de suas atividades profissionais.

Quanto ao exercício profissional

- Estimular investimentos que promovam a permanência dos professores no exercício do magistério;
- Tornar o acesso à profissão, na rede pública, mais amplo e democrático, a partir de concursos públicos, que não apenas supram a falta de profissionais como também limitem o número elevado de contratos temporários;
- Investir na valorização do ensino público e dos professores que nele atuam, cuja maioria teve sua trajetória escolar e formação inicial na própria rede pública;
- Criar mecanismos que visem à melhoria das condições salariais dos professores – os dados da pesquisa revelam que grande parte deles possui renda familiar entre dois e dez salários mínimos. Neste sentido, é fundamental que se invista na modernização da carreira docente (salário, formação etc). Como exemplo, aponta-se a Europa, que, possuindo padrões salariais acima de 27 mil dólares anuais, está preocupada e investindo maciçamente na qualidade e no futuro;
- Investir no regime de colaboração entre as diversas instâncias governamentais para buscar avanços na questão da carreira e na formação dos professores;
- Potencializar a política de financiamento de computadores para os professores, considerando sua importância para a prática profissional;
- Promover o acesso, em canal aberto, à programação das estações de televisão educativa, tanto públicas quanto privadas, considerando sua utilidade para o trabalho de professores e alunos.

Quanto à formação inicial e continuada

- Atentar para a necessidade de uma revisão radical dos cursos de formação inicial e continuada de professores, incluindo as licenciaturas, devendo o investimento nesses cursos considerar que a formação do professor constitui variável correlacionada com sua renda familiar e região geográfica. Há um contingente significativo de profissionais sem habilitação para o exercício do magistério;
- Priorizar o investimento na ampliação do universo cultural dos professores, com a inclusão da questão da leitura, do acesso a teatros e a museus, entre outros, nos currículos de formação inicial e continuada. Portanto, a formação cultural dos professores deve estar contemplada no bojo da formação inicial e continuada. O cinema, o teatro, o museu, a biblioteca, o centro cultural são patrimônios aos quais todos devem ter o acesso e o direito à participação – o professor é produtor e consumidor de cultura e, para tanto, deve ter acesso e reflexão crítica em relação ao que vem sendo produzido regionalmente e, também, nacionalmente, a fim de que exerça sua profissão plenamente;
- Atentar para que os cursos de formação inicial e continuada contribuam para a formação do professor-leitor, a partir do acesso e da qualificação em relação aos diferentes gêneros literários, ampliando a concepção de educação para além dos métodos e técnicas de ensino;
- Prever que os cursos de formação inicial e continuada sejam concebidos no âmbito de um plano de cargos e salários, possibilitando a progressão funcional;
- Buscar instrumentos que dotem as universidades ou as instituições de educação superior como lugares mais adequados para oferecer formação docente;
- Articular atividades conjuntas de suporte para a formação cultural dos professores, entre diversas instâncias governamentais (ministérios da educação, cultura; secretarias estaduais e municipais etc.);
- Articular atividades conjuntas de suporte para a formação científica dos professores, entre diversas instâncias governamentais (ministérios da educação e ciência e tecnologia; secretarias estaduais e municipais etc.);

- Articular atividades conjuntas de suporte para garantir a inclusão digital e de novas tecnologias para os professores, entre diversas instâncias governamentais (ministérios da educação, ciência e tecnologia, comunicações; secretarias estaduais e municipais etc.), de forma a implementar programas de informática na educação, considerando que a maioria dos docentes não possui a cultura das novas tecnologias.

LISTA DE TABELAS

LISTA DE GRÁFICOS

ANEXO – Tabelas

TABELA A1 – Proporção de professores, por sexo, segundo a relação/parentesco com o chefe de família[1] – 2002

Relação/parentesco com o chefe de família	Sexo		Total
	Masculino	Feminino	
Cônjuge/parceiro(a)	7,2	71,6	66,4
Filho(a)	80,0	23,9	28,4
Outro parentesco	10,2	3,8	4,3
Sem parentesco	2,6	0,7	0,9
Total	100,0	100,0	100,0

Fonte: UNESCO, Pesquisa de Professores, 2002.
Notas: Foi perguntado aos professores: *Qual a sua relação com a pessoa que é chefe de família na sua casa?*
(1) Dados expandidos.

TABELA A2 – Proporção de professores, por sexo, segundo a condição de ser ou não o principal provedor de renda da família[1] – 2002

Principal provedor de renda na família	Sexo		Total
	Masculino	Feminino	
Sim	63,7	34,7	40,2
Não	36,3	65,3	59,8
Total	100,0	100,0	100,0

Fonte: UNESCO, Pesquisa de Professores, 2002.
Notas: Foi perguntado aos professores: *O(a) sr.(a) é o(a) principal provedor(a) de renda da sua casa?*
(1) Dados expandidos.

TABELA A3 – Proporção de professores, segundo dependência administrativa do estabelecimento que lhe conferiu o título para a prática da docência[1] – 2002

Tipo de estabelecimento	Proporção (%)
Público	50,2
Privado	49,8
Total	100,0

Fonte: UNESCO, Pesquisa de Professores, 2002.
Notas: Foi perguntado aos professores: *Qual o tipo de estabelecimento lhe conferiu o título para a prática da docência?*
(1) Dados expandidos.

TABELA A4 – Proporção de professores, por habilitação, segundo tempo de magistério[1] – 2002

Tempo de magistério	Habilitação				Total
	Ensino médio com formação pedagógica (ensino normal)	Ensino médio sem formação pedagógica	Ensino superior com formação pedagógica (licenciatura)	Ensino superior sem formação pedagógica	
Até 5 anos	14,4	20,1	11,5	18,2	13,1
De 6 a 10 anos	25,7	31,8	26,2	36,5	27,0
De 11a 15 anos	20,5	20,5	21,4	16,8	20,8
De 16 a 20 anos	17,4	14,0	18,8	12,4	17,8
De 21 a 25 anos	14,3	8,0	12,2	10,2	12,4
Mais de 25 anos	7,7	5,7	9,9	5,8	8,9
Total	100,0	100,0	100,0	100,0	100,0

Fonte: UNESCO, Pesquisa de Professores, 2002.
Notas: Foi perguntado aos professores: *Há quantos anos o(a) sr. (a) é professor?*
(1) Dados expandidos.

TABELA A5 – Proporção de professores, por região geográfica, segundo habilitação[1] – 2002

Habilitação	Região geográfica					Total
	Norte	Nordeste	Centro-oeste	Sudeste	Sul	
Ensino médio com formação pedagógica (ensino normal)	45,1	34,3	27,0	22,7	19,7	26,8
Ensino médio sem formação pedagógica	8,1	6,5	7,5	4,2	5,8	5,5
Ensino superior com formação pedagógica (licenciatura)	40,1	54,9	58,9	66,7	69,6	61,9
Ensino superior sem formação pedagógica	6,7	4,3	6,7	6,5	4,9	5,7
Total	100,0	100,0	100,0	100,0	100,0	100,0

Fonte: UNESCO, Pesquisa de Professores, 2002.
Notas: Foi perguntado aos professores: *Qual a sua habilitação?*
(1) Dados expandidos.

TABELA A6 – Proporção de professores, por habilitação, segundo a faixa etária[1] – 2002

Faixa etária	Habilitação				Total
	Ensino médio com formação pedagógica (ensino normal)	Ensino médio sem formação pedagógica	Ensino superior com formação pedagógica (licenciatura)	Ensino superior sem formação pedagógica	
Até 25 anos	11,9	16,9	6,5	10,7	8,8
26 a 35 anos	33,5	39,3	33,2	33,1	33,6
36 a 45 anos	32,8	29,0	37,6	35,6	35,7
46 a 55 anos	17,1	11,8	19,0	17,1	18
Acima de 55 anos	4,6	2,9	3,7	3,6	3,9
Total	100,0	100,0	100,0	100,0	100,0

Fonte: UNESCO, Pesquisa de Professores, 2002.
Notas: Foi perguntado aos professores: *Sua idade?*
(1) Dados expandidos.

TABELA A7 – Proporção de professores, por sexo, segundo a quantidade de escolas em que trabalha[1] – 2002

Quantidade de escolas	Sexo		Total
	Masculino	Feminino	
1 escola	42,9	62,1	58,5
2 escolas	36,7	31,2	32,3
3 escolas	12,4	4,9	6,3
4 ou mais escolas	8,0	1,8	2,9
Total	100,0	100,0	100,0

Fonte: UNESCO, Pesquisa de Professores, 2002.
Notas: Foi perguntado aos professores: *O(a) sr(a) trabalha como professor em quantas escolas?*
(1) Dados expandidos.

TABELA A8 – Proporção de professores, por habilitação, segundo a realização de outro trabalho remunerado[1] – 2002

Outro trabalho remunerado	Habilitação				Total
	Ensino médio com formação pedagógica (ensino normal)	Ensino médio sem formação pedagógica	Ensino superior com formação pedagógica (licenciatura)	Ensino superior sem formação pedagógica	
Sim	10,8	15,3	14,2	24,5	13,9
Não	89,2	84,7	85,8	75,5	86,1
Total	100,0	100,0	100,0	100,0	100,0

Fonte: UNESCO, Pesquisa de Professores, 2002.
Notas: Foi perguntado aos professores: *Hoje, além da atividade docente, o(a) sr.(a) realiza outro trabalho remunerado?*
(1) Dados expandidos.

TABELA A9 – Proporção de professores, por sexo, segundo a freqüência em eventos culturais[1] – 2002

Eventos culturais	Freqüência	Sexo		Total
		Masculino	Feminino	
Museus	Uma vez por semana	1,2	0,9	0,9
	Uma vez por mês	5,8	3,7	4,1
	Algumas vezes por ano	50,8	50,3	50,4
	Uma vez no passado	30,3	29,7	29,8
	Nunca	11,8	15,4	14,8
	Total	**100,0**	**100,0**	**100,0**
Cinema	Uma vez por semana	8,8	5,1	5,8
	Uma vez por mês	22,7	19,9	20,4
	Algumas vezes por ano	48,0	49,5	49,2
	Uma vez no passado	14,4	16,4	16,0
	Nunca	6,0	9,1	8,6
	Total	**100,0**	**100,0**	**100,0**
Shows de rock	Uma vez por semana	1,2	0,3	0,5
	Uma vez por mês	3,6	1,6	2,0
	Algumas vezes por ano	20,5	14,8	15,9
	Uma vez no passado	22,7	18,1	19,0
	Nunca	52,0	65,1	62,7
	Total	**100,0**	**100,0**	**100,0**
Exposições em centros culturais	Uma vez por semana	2,3	1,7	1,8
	Uma vez por mês	12,5	7,8	8,7
	Algumas vezes por ano	63,4	66,7	66,1
	Uma vez no passado	16,0	14,6	14,8
	Nunca	5,7	9,3	8,6
	Total	**100,0**	**100,0**	**100,0**
Teatro	Uma vez por semana	1,9	1,5	1,6
	Uma vez por mês	8,2	6,8	7,1
	Algumas vezes por ano	51,2	52,5	52,2
	Uma vez no passado	24,6	21,1	21,8
	Nunca	14,0	18,1	17,4
	Total	**100,0**	**100,0**	**100,0**
Danceterias, bailes, bares com música ao vivo	Uma vez por semana	13,8	9,1	9,9
	Uma vez por mês	20,4	17,5	18,1
	Algumas vezes por ano	37,1	42,7	41,7
	Uma vez no passado	14,7	15,6	15,4
	Nunca	14,0	15,2	15,0
	Total	**100,0**	**100,0**	**100,0**

TABELA A9 – (continuação)

Eventos culturais	Freqüência	Sexo		Total
		Masculino	Feminino	
Shows de música popular ou sertaneja	Uma vez por semana	3,7	3,5	3,5
	Uma vez por mês	11,2	8,4	8,9
	Algumas vezes por ano	43,2	46,7	46,0
	Uma vez no passado	19,8	20,0	20,0
	Nunca	22,1	21,5	21,6
	Total	**100,0**	**100,0**	**100,0**
Fitas de vídeo	Uma vez por semana	31,9	33,2	33,0
	Uma vez por mês	32,7	31,9	32,1
	Algumas vezes por ano	28,5	27,8	28,0
	Uma vez no passado	3,5	2,9	3,0
	Nunca	3,3	4,1	4,0
	Total	**100,0**	**100,0**	**100,0**
Estádios esportivos	Uma vez por semana	10,6	2,5	4,0
	Uma vez por mês	13,4	5,5	7,0
	Algumas vezes por ano	34,1	24,5	26,3
	Uma vez no passado	24,4	23,9	24,0
	Nunca	17,5	43,7	38,7
	Total	**100,0**	**100,0**	**100,0**
Clubes	Uma vez por semana	14,5	10,2	11,0
	Uma vez por mês	19,9	15,6	16,4
	Algumas vezes por ano	40,0	43,9	43,2
	Uma vez no passado	15,2	16,3	16,1
	Nunca	10,3	14,0	13,3
	Total	**100,0**	**100,0**	**100,0**
Concertos de música erudita ou óperas	Uma vez por semana	1,4	0,5	0,7
	Uma vez por mês	2,1	1,6	1,7
	Algumas vezes por ano	18,7	14,2	15,1
	Uma vez no passado	24,2	19,6	20,5
	Nunca	53,6	64,1	62,1
	Total	**100,0**	**100,0**	**100,0**

Fonte: UNESCO, Pesquisa de Professores, 2002.
Notas: Foi perguntado aos professores: *O(a) sr.(a) costuma ir a algum dos seguintes eventos culturais? Com que freqüência?*
(1) Dados expandidos.

TABELA A10 – Proporção de professores, por dependência administrativa da escola, segundo a freqüência em eventos culturais[1] – 2002

Eventos culturais	Freqüência	Dependência administrativa		Total
		Pública	Privada	
Museus	Uma vez por semana	0,9	1,2	0,9
	Uma vez por mês	3,7	6,1	4,1
	Algumas vezes por ano	48,5	59,1	50,4
	Uma vez no passado	31,3	23,3	29,9
	Nunca	15,6	10,3	14,6
	Total	**100,0**	**100,0**	**100,0**
Cinema	Uma vez por semana	5,0	8,9	5,7
	Uma vez por mês	18,7	28,6	20,5
	Algumas vezes por ano	49,6	47,2	49,2
	Uma vez no passado	17,7	8,6	16,1
	Nunca	8,9	6,7	8,5
	Total	**100,0**	**100,0**	**100,0**
Shows de rock	Uma vez por semana	0,5	0,5	0,5
	Uma vez por mês	1,6	3,7	2,0
	Algumas vezes por ano	15,0	20,8	16,0
	Uma vez no passado	18,9	19,0	18,9
	Nunca	64,0	56,0	62,6
	Total	**100,0**	**100,0**	**100,0**
Exposições em centros culturais	Uma vez por semana	1,6	2,8	1,8
	Uma vez por mês	8,1	11,7	8,7
	Algumas vezes por ano	66,1	66,0	66,1
	Uma vez no passado	15,3	13,1	14,9
	Nunca	9,0	6,4	8,5
	Total	**100,0**	**100,0**	**100,0**
Teatro	Uma vez por semana	1,2	3,2	1,6
	Uma vez por mês	6,5	9,1	7,0
	Algumas vezes por ano	51,2	56,8	52,2
	Uma vez no passado	23,0	17,0	21,9
	Nunca	18,1	13,9	17,3
	Total	**100,0**	**100,0**	**100,0**
Danceterias, bailes, bares com música ao vivo	Uma vez por semana	9,4	12,5	9,9
	Uma vez por mês	17,8	18,7	18,0
	Algumas vezes por ano	42,2	39,9	41,8
	Uma vez no passado	16,1	12,5	15,4
	Nunca	14,6	16,4	14,9
	Total	**100,0**	**100,0**	**100,0**

TABELA A10 – (continuação)

Eventos culturais	Freqüência	Dependência administrativa		Total
		Pública	Privada	
Shows de música popular ou sertaneja	Uma vez por semana	3,1	4,9	3,5
	Uma vez por mês	8,7	9,5	8,8
	Algumas vezes por ano	47,4	39,8	46,1
	Uma vez no passado	20,0	20,0	20,0
	Nunca	20,7	25,8	21,7
	Total	**100,0**	**100,0**	**100,0**
Fitas de vídeo	Uma vez por semana	32,7	34,5	33,0
	Uma vez por mês	31,8	34,0	32,2
	Algumas vezes por ano	28,4	25,7	27,9
	Uma vez no passado	3,1	2,4	3,0
	Nunca	4,0	3,4	3,9
	Total	**100,0**	**100,0**	**100,0**
Estádios esportivos	Uma vez por semana	4,0	4,1	4,0
	Uma vez por mês	6,8	7,9	7,0
	Algumas vezes por ano	26,9	23,4	26,3
	Uma vez no passado	24,7	21,3	24,1
	Nunca	37,6	43,4	38,6
	Total	**100,0**	**100,0**	**100,0**
Clubes	Uma vez por semana	10,3	14,1	11,0
	Uma vez por mês	16,4	16,3	16,4
	Algumas vezes por ano	43,6	40,9	43,1
	Uma vez no passado	16,5	15,1	16,3
	Nunca	13,1	13,7	13,2
	Total	**100,0**	**100,0**	**100,0**
Concertos de música erudita ou óperas	Uma vez por semana	0,6	1,1	0,7
	Uma vez por mês	1,5	2,6	1,7
	Algumas vezes por ano	14,3	18,5	15,0
	Uma vez no passado	20,4	21,1	20,5
	Nunca	63,3	56,7	62,1
	Total	**100,0**	**100,0**	**100,0**

Fonte: UNESCO, Pesquisa de Professores, 2002.

Notas: Foi perguntado aos professores: *O(a) sr.(a) costuma ir a algum dos seguintes eventos culturais? Com que freqüência?*
(1) Dados expandidos.

TABELA A11 – Proporção de professores, por faixa etária, segundo preferências musicais[1] – 2002

Gêneros musicais[2]	Faixa etária					Total
	Até 25	de 26 a 35	de 36 a 45	de 46 a 55	acima de 55	
Rock nacional	1038,0	32,2	19,2	11,0	5,1	23,2
Jazz	6,4	9,4	12,4	11,8	9,6	10,6
MPB	71,6	75,6	73,8	65,5	50,3	71,8
Samba tradicional	17,5	17,7	25,6	39,9	43,7	25,5
Pagode, forró	35,7	31,9	29,3	28,6	31,0	30,7
Reggae, música latina atual	12,0	7,9	6,9	5,3	5,1	7,3
Música clássica e ópera	19,5	24,9	30,4	36,9	48,2	29,5
Rock internacional	18,4	15,5	11,7	8,8	8,6	12,9
Música latino-americana	10,0	10,6	13,8	15,6	20,3	13,0
Música sertaneja	34,8	40,6	45,2	45,6	51,3	43,1
Outros	17,5	14,9	12,6	10,1	9,6	13,2

Fonte: UNESCO, Pesquisa de Professores, 2002.

Notas: Foi perguntado aos professores: *Quais dos gêneros musicais abaixo o(a) sr.(a) prefere? (Selecione os três que o(a) sr.(a) mais ouve)*

(1) Dados expandidos.

(2) As respostas não são auto-excludentes.

TABELA A12 – Proporção de professores, por condição do município, segundo preferências musicais[1] – 2002

Gêneros musicais[2]	Condição do município			Total
	Capital	Periferia	Interior	
Rock nacional	28,4	28,4	19,9	23,2
Jazz	14,6	11,7	8,8	10,6
MPB	77,0	71,1	69,8	71,8
Samba tradicional	26,0	27,0	25,0	25,5
Pagode, forró	25,8	21,7	34,5	30,7
Reggae, música latina atual	6,7	7,7	7,5	7,3
Música clássica e ópera	29,5	28,6	29,7	29,5
Rock internacional	17,1	16,4	10,5	12,9
Música latino-americana	12,7	14,2	12,9	13,0
Música sertaneja	31,2	35,6	49,5	43,1
Outros	12,1	15,9	13,1	13,2

Fonte: UNESCO, Pesquisa de Professores, 2002.
Notas: Foi perguntado aos professores: *Quais dos gêneros musicais abaixo o(a) sr.(a) prefere? (Selecione os três que o(a) sr.(a) mais ouve)*
(1) Dados expandidos.
(2) As respostas não são auto-excludentes.

TABELA A13 – Proporção de professores, por sexo, segundo programa de TV mais preferidos[1] – 2002

Programas de TV mais preferidos[2]	Sexo		Total
	Masculino	Feminino	
Documentários	29,2	28,1	28,3
Esportes	13,3	1,5	3,7
Minisséries	3,3	5,9	5,4
Noticiários	38,1	36,0	36,4
Novelas	1,0	6,4	5,4
Programas de entrevistas	5,6	10,4	9,5
Programas de opinião	5,6	5,2	5,2
Variedades, humorísticos	3,9	6,6	6,1

Fonte: UNESCO, Pesquisa de Professores, 2002.
Notas: Foi perguntado aos professores: *Se tivesse que escolher um programa de TV para assistir, qual dos gêneros abaixo o(a) sr.(a) escolheria? (Marque apenas o mais preferido)*
(1) Dados expandidos.
(2) As respostas não são auto-excludentes.

TABELA A14 – Proporção de professores, por sexo, segundo programa de TV menos preferidos[1] – 2002

Programas de TV menos preferidos[2]	Sexo		Total
	Masculino	Feminino	
Documentários	1,3	2,4	2,2
Esportes	10,3	37,3	32,3
Minisséries	13,5	11,2	11,6
Noticiários	0,9	0,9	0,9
Novelas	54,1	21,8	27,8
Programas de entrevistas	4,9	5,4	5,3
Programas de opinião	8,1	9,2	9,0
Variedades, humorísticos	6,8	11,7	10,8

Fonte: UNESCO, Pesquisa de Professores, 2002.
Notas: Foi perguntado aos professores: *Se tivesse que escolher um programa de TV para assistir, qual dos gêneros abaixo o(a) sr.(a) escolheria? (Marque apenas o menos preferido)*
(1) Dados expandidos.
(2) As respostas não são auto-excludentes.

TABELA A15 – Proporção de professores, por sexo, segundo esporte mais preferido[1] – 2002

Esporte mais preferido[2]	Sexo		Total
	Masculino	Feminino	
Artes marciais	2,3	2,4	2,4
Automobilismo	7,3	4,1	4,7
Basquete	3,2	4,7	4,4
Boxe	0,8	0,6	0,6
Futebol	60,3	20,1	27,5
Golfe	0,0	0,1	0,1
Natação	10,9	33,8	29,6
Tênis	2,1	2,9	2,7
Vôlei	8,2	28,1	24,4
Xadrez	4,9	3,2	3,5

Fonte: UNESCO, Pesquisa de Professores, 2002.
Notas: Foi perguntado aos professores: *Does esportes abaixo, qual o(a) sr.(a) prefere? (Marque apenas um mais e um menos preferido)*
(1) Dados expandidos.
(2) As respostas não são auto-excludentes.

TABELA A16 – Proporção de professores, por dependência administrativa da escola, segundo freqüência da participação em associações ou instituições[1] – 2002

Associações / Instituições	Freqüência	Dependência administrativa			Total
		Pública	Privada	Privada religiosa	
Associação ou clube esportivo	Habitualmente	13,2	15,0	13,5	13,4
	Ocasionalmente	23,1	26,8	28,0	23,8
	Alguma vez no passado	20,0	18,4	19,2	19,7
	Nunca	43,8	39,8	39,4	43,1
	Total	**100,0**	**100,0**	**100,0**	**100,0**
Paróquia ou associação religiosa	Habitualmente	41,0	37,0	49,5	40,8
	Ocasionalmente	25,1	26,6	30,3	25,5
	Alguma vez no passado	14,2	14,1	8,1	13,9
	Nunca	19,8	22,3	12,1	19,8
	Total	**100,0**	**100,0**	**100,0**	**100,0**
Associação de bairro (vizinhança, de fomento etc)	Habitualmente	6,3	3,0	0,5	5,6
	Ocasionalmente	19,2	16,6	17,5	18,8
	Alguma vez no passado	15,4	14,6	18,0	15,4
	Nunca	59,1	65,8	63,9	60,2
	Total	**100,0**	**100,0**	**100,0**	**100,0**
Centro cultural (musical, cineclube etc)	Habitualmente	6,6	10,8	7,9	7,2
	Ocasionalmente	25,6	28,7	23,0	25,9
	Alguma vez no passado	19,4	18,6	22,0	19,4
	Nunca	48,4	41,9	47,1	47,5
	Total	**100,0**	**100,0**	**100,0**	**100,0**
Sindicato	Habitualmente	17,4	10,5	6,7	16,0
	Ocasionalmente	23,0	16,3	17,0	21,9
	Alguma vez no passado	12,0	14,1	17,5	12,5
	Nunca	47,6	59,1	58,8	49,6
	Total	**100,0**	**100,0**	**100,0**	**100,0**
Partido político	Habitualmente	7,0	5,5	1,1	6,6
	Ocasionalmente	14,5	10,9	13,7	14,0
	Alguma vez no passado	12,3	11,1	8,4	11,9
	Nunca	66,2	72,4	76,8	67,5
	Total	**100,0**	**100,0**	**100,0**	**100,0**

TABELA A16 – (continuação)

Associações / Instituições	Freqüência	Dependência administrativa			Total
		Pública	Privada	Privada religiosa	
Associação ecológica ou de direitos humanos	Habitualmente	3,7	3,2	6,2	3,7
	Ocasionalmente	18,5	16,8	17,1	18,2
	Alguma vez no passado	12,0	14,7	13,0	12,4
	Nunca	65,7	65,3	63,7	65,6
	Total	**100,0**	**100,0**	**100,0**	**100,0**
Associação de consumidores	Habitualmente	1,1	1,3	0,0	1,1
	Ocasionalmente	8,0	7,6	6,7	7,9
	Alguma vez no passado	8,1	8,9	7,3	8,2
	Nunca	82,7	82,3	86,0	82,8
	Total	**100,0**	**100,0**	**100,0**	**100,0**
Cooperativa	Habitualmente	3,3	5,2	2,6	3,5
	Ocasionalmente	8,6	7,6	8,8	8,5
	Alguma vez no passado	10,8	13,5	9,3	11,1
	Nunca	77,3	73,6	79,3	76,9
	Total	**100,0**	**100,0**	**100,0**	**100,0**
Entidade filantrópica	Habitualmente	10,3	15,0	16,9	11,2
	Ocasionalmente	17,8	18,2	22,1	18,1
	Alguma vez no passado	12,8	12,8	13,3	12,8
	Nunca	59,1	54,0	47,7	57,9
	Total	**100,0**	**100,0**	**100,0**	**100,0**

Fonte: UNESCO, Pesquisa de Professores, 2002.

Notas: Foi perguntado aos professores: *O(a) sr.(a) participa de alguma das seguintes associações ou instituições? (Caso participa, marque um X na freqüência correspondente, caso não participa marque um X em nunca)*

(1) Dados expandidos.

TABELA A17 – Proporção de professores, por regiões geográficas, segundo concordância com os aspectos da LDB[1] – 2002

Aspectos da LDB	Região	Grau de concordância			Total
		Concorda	Discorda	Não sabe/ não respondeu	
Definição dos Parâmetros Curriculares Nacionais (PCN)	Norte	87,8	8,6	3,6	100,0
	Nordeste	90,0	6,1	3,9	100,0
	Centro-oeste	86,0	9,9	4,1	100,0
	Sudeste	85,5	8,9	5,6	100,0
	Sul	81,9	11,2	6,9	100,0
	Total	**86,2**	**8,6**	**5,1**	**100,0**
Nova estrutura de ensino: Educação básica(educação infantil, ensino fundamental, ensino médio e educação profissional)	Norte	89,5	6,3	4,3	100,0
	Nordeste	90,6	5,6	3,8	100,0
	Centro-oeste	87,0	8,7	4,3	100,0
	Sudeste	85,6	9,3	5,1	100,0
	Sul	88,6	5,9	5,5	100,0
	Total	**87,7**	**7,6**	**4,7**	**100,0**
Autonomia da escola (projeto pedagógico próprio)	Norte	88,8	6,6	4,6	100,0
	Nordeste	90,5	5,3	4,1	100,0
	Centro-oeste	92,3	5,4	2,3	100,0
	Sudeste	90,7	5,3	3,9	100,0
	Sul	92,3	4,6	3,1	100,0
	Total	**90,9**	**5,3**	**3,8**	**100,0**
Plano Nacional de Educação (PNE)	Norte	78,9	10,2	10,9	100,0
	Nordeste	80,0	7,0	13,0	100,0
	Centro-oeste	76,5	11,5	12,0	100,0
	Sudeste	72,9	12,0	15,1	100,0
	Sul	69,6	12,4	18,0	100,0
	Total	**74,8**	**10,6**	**14,5**	**100,0**
FUNDEF – Fundo do Ensino Fundamental	Norte	87,2	5,6	7,2	100,0
	Nordeste	87,1	6,4	6,5	100,0
	Centro-oeste	79,8	7,9	12,2	100,0
	Sudeste	75,8	11,1	13,1	100,0
	Sul	75,8	9,7	14,5	100,0
	Total	**79,6**	**9,1**	**11,3**	**100,0**
Sistema Nacional de Avaliação da Educação Básica (SAEB)	Norte	71,1	18,1	10,9	100,0
	Nordeste	73,3	14,6	12,0	100,0
	Centro-oeste	67,6	17,6	14,8	100,0
	Sudeste	60,9	26,2	12,9	100,0
	Sul	60,2	23,0	16,8	100,0
	Total	**65,1**	**21,6**	**13,3**	**100,0**

Fonte: UNESCO, Pesquisa de Professores, 2002.

Notas: Foi solicitado aos professores: *Manifeste seu grau de acordo ou desacordo com os seguintes aspectos da Lei de Diretrizes e Bases (LDB) – Lei nº.9394/96:*

(1) Dados expandidos.

TABELA A18 – Proporção de professores, por faixa etária, segundo o grau de concordância com afirmações sobre o papel político do professor[1] – 2002

Afirmações sobre o papel político do professor	Grau de concordância	Faixa etária					Total
		Até 25	de 26 a 35	de 36 a 45	de 46 a 55	acima de 55	
Em sala de aula, o professor não deve abordar problemas políticos atuais	Muito baixo	49,6	51,1	48,4	40,9	35,1	47,6
	Baixo	11,5	12,6	11,3	8,8	6,3	11,1
	Médio	19,6	16,1	16,5	20,9	25,3	17,8
	Alto	10,9	12,8	13,3	16,1	14,4	13,5
	Muito alto	8,4	7,3	10,5	13,3	19,0	10,1
	Total	**100,0**	**100,0**	**100,0**	**100,0**	**100,0**	**100,0**
O professor deve evitar toda forma de militância e compromisso ideológico em sala de aula	Muito baixo	19,1	20,7	19,9	19,2	18,7	19,9
	Baixo	13,6	11,4	9,5	8,8	8,5	10,3
	Médio	25,5	25,9	23,6	22,7	27,3	24,5
	Alto	20,8	22,1	22,0	23,5	14,8	21,9
	Muito alto	21,0	20,0	25,0	25,9	30,7	23,3
	Total	**100,0**	**100,0**	**100,0**	**100,0**	**100,0**	**100,0**
O professor deve desenvolver a consciência social e política das novas gerações	Muito baixo	1,4	0,8	0,9	0,9	0,5	0,9
	Baixo	2,3	1,6	1,6	1,5	1,1	1,6
	Médio	6,7	6,4	6,6	6,1	6,6	6,5
	Alto	21,6	18,1	17,5	18,3	23,5	18,4
	Muito alto	68,0	73,0	73,5	73,2	68,3	72,6
	Total	**100,0**	**100,0**	**100,0**	**100,0**	**100,0**	**100,0**
O professor deve se comprometer com a democratização social e política dos pais	Muito baixo	2,8	2,4	2,2	1,5	3,8	2,3
	Baixo	3,0	2,6	2,5	1,9	3,3	2,5
	Médio	12,2	9,9	9,7	8,7	9,9	9,8
	Alto	25,1	23,2	22,0	21,7	19,2	22,6
	Muito alto	56,9	61,8	63,6	66,2	63,7	62,9
	Total	**100,0**	**100,0**	**100,0**	**100,0**	**100,0**	**100,0**
O professor deve ter a consciência de que o seu papel é político	Muito baixo	12,0	10,1	10,5	10,7	11,7	10,6
	Baixo	6,6	7,3	5,7	6,0	3,9	6,3
	Médio	21,1	18,8	17,5	18,4	23,5	18,7
	Alto	26,5	23,2	25,6	22,9	16,2	24,1
	Muito alto	33,8	40,5	40,8	42,0	44,7	40,4
	Total	**100,0**	**100,0**	**100,0**	**100,0**	**100,0**	**100,0**

Fonte: UNESCO, Pesquisa de Professores, 2002.

Notas: Foi perguntado aos professores: *Avalie, de 01 a 10, seu grau de acordo com cada uma das seguintes proposições, onde 10 representa o grau máximo de concordância.*

(1) Dados expandidos.

TABELA A19 – Proporção de professores, por faixa etária, segundo a concordância com afirmações sobre liberdade e igualdade[1] – 2002

Afirmações	Faixa etária					Total
	Até 25	de 26 a 35	de 36 a 45	de 46 a 55	acima de 55	
Para mim, a liberdade e a igualdade têm a mesma importância. Mas se tivesse que escolher entre uma e outra, consideraria a liberdade individual como a mais importante, quer dizer, que cada um possa viver em liberdade e desenvolver-se sem obstáculos	17,4	17,4	20,3	23,1	23,7	19,7
A liberdade e a igualdade são importantes, mas se tivesse que escolher uma das duas, consideraria a igualdade como a mais importante, isto é, que ninguém se veja desfavorecido e que as diferenças de classe social não sejam tão fortes	75,2	77,4	75,7	72,6	72,1	75,5
Não concorda com nenhuma	5,3	3,2	2,6	3,7	2,6	3,2
Não sabe	2,1	2,0	1,4	0,6	1,6	1,5
Total	100,0	100,0	100,0	100,0	100,0	100,0

Fonte: UNESCO, Pesquisa de Professores, 2002.
Notas: Foi perguntado aos professores: *Qual dessas duas frases mais se aproxima da sua opinião?*
(1) Dados expandidos.

TABELA A20 – Proporção de professores, por renda familiar, segundo a concordância com afirmações sobre liberdade e igualdade[1] – 2002

Afirmações	Renda familiar					Total
	Até 2 salários mínimos	Mais de 2 a 5 salários	Mais de 5 a 10 salários	Mais de 10 a 20 salários	Mais de 20 salários	
Para mim, a liberdade e a igualdade têm a mesma importância. Mas se tivesse que escolher entre uma e outra, consideraria a liberdade individual como a mais importante, quer dizer, que cada um possa viver em liberdade e desenvolver-se sem obstáculos	23,1	18,0	19,2	21,4	20,8	19,6
A liberdade e a igualdade são importantes, mas se tivesse que escolher uma das duas, consideraria a igualdade como a mais importante, isto é, que ninguém se veja desfavorecido e que as diferenças de classe social não sejam tão fortes	74,5	77,6	76,2	73,4	72,5	75,7
Não concorda com nenhuma	0,5	2,5	3,5	3,9	5,3	3,3
Não sabe	1,9	1,9	1,1	1,3	1,4	1,4
Total	100,0	100,0	100,0	100,0	100,0	100,0

Fonte: UNESCO, Pesquisa de Professores, 2002.
Notas: Foi perguntado aos professores: *Qual dessas duas frases mais se aproxima da sua opinião?*
(1) Dados expandidos.

TABELA A21 – Proporção de professores, por dependência administrativa da escola, segundo a aspiração profissional para os próximos anos[1] – 2002

Aspiração profissional	Dependência administrativa		Total
	Pública	Privada	
Permanecer na função atual, na mesma instituição	50,2	50,1	50,2
Ocupar cargos de direção e administração escolar	7,0	7,1	7,0
Permanecer na função atual, mas em outra instituição	6,7	6,1	6,6
Realizar outra atividade profissional na área educacional	25,0	27,9	25,5
Dedicar-se a outra profissão	11,1	8,8	10,7
Total	100,0	100,0	100,0

Fonte: UNESCO, Pesquisa de Professores, 2002.
Notas: Foi perguntado aos professores: *Qual é a sua principal aspiração profissional para os próximos anos?*
(1) Dados expandidos.

TABELA A22 – Proporção de professores, por habilitação, segundo aspiração profissional para os próximos anos[1] – 2002

Aspiração profissional	Habilitação				Total
	Ensino médio com formação pedagógica (ensino normal)	Ensino médio sem formação pedagógica	Ensino superior com formação pedagógica (licenciatura)	Ensino superior sem formação pedagógica	
Permanecer na função atual, na mesma instituição	53,8	51,9	49,0	45,4	50,2
Ocupar cargos de direção e administração escolar	5,8	4,6	7,7	8,0	7,1
Permanecer na função atual, mas em outra instituição	5,4	7,6	6,7	8,8	6,5
Realizar outra atividade profissional na área educacional	26,8	26,2	25,0	24,5	25,5
Dedicar-se a outra profissão	8,2	9,7	11,6	13,3	10,7
Total	100,0	100,0	100,0	100,0	100,0

Fonte: UNESCO, Pesquisa de Professores, 2002.
Notas: Foi perguntado aos professores: *Qual é a sua principal aspiração profissional para os próximos anos?*
(1) Dados expandidos.

TABELA A23 – Proporção de professores, por sexo, segundo opinião sobre comportamentos na esfera privada[1] – 2002

Comportamentos na esfera privada	Opinião	Sexo		Total
		Masculino	Feminino	
Fumar maconha ocasionalmente	Admissível	6,0	5,2	5,4
	Indiferente	16,2	9,6	10,9
	Inadmissível	77,7	85,1	83,8
	Total	**100,0**	**100,0**	**100,0**
Divorciar-se	Admissível	49,5	53,2	52,5
	Indiferente	33,4	29,8	30,5
	Inadmissível	17,1	17,0	17,0
	Total	**100,0**	**100,0**	**100,0**
Embriagar-se	Admissível	11,2	5,8	6,8
	Indiferente	28,8	19,0	20,9
	Inadmissível	60,0	75,1	72,3
	Total	**100,0**	**100,0**	**100,0**
Ter relações sexuais sem estar casado	Admissível	52,4	39,9	42,3
	Indiferente	30,0	35,6	34,5
	Inadmissível	17,7	24,5	23,2
	Total	**100,0**	**100,0**	**100,0**
Ter experiências homossexuais	Admissível	11,6	8,9	9,4
	Indiferente	27,1	31,8	30,9
	Inadmissível	61,3	59,3	59,7
	Total	**100,0**	**100,0**	**100,0**
Viver com alguém sem estar casado	Admissível	56,0	47,4	49,0
	Indiferente	26,2	31,1	30,2
	Inadmissível	17,9	21,4	20,8
	Total	**100,0**	**100,0**	**100,0**
Usar drogas pesadas (heroína, etc)	Admissível	0,7	0,5	0,5
	Indiferente	3,9	2,8	3,0
	Inadmissível	95,4	96,7	96,5
	Total	**100,0**	**100,0**	**100,0**
Ter relacionamento pessoal com pessoa casada	Admissível	19,2	8,6	10,6
	Indiferente	35,2	27,0	28,6
	Inadmissível	45,6	64,4	60,9
	Total	**100**	**100**	**100**
Suicidar-se	Admissível	3,6	1,3	1,7
	Indiferente	7,9	5,1	5,6
	Inadmissível	88,5	93,7	92,7
	Total	**100,0**	**100,0**	**100,0**

Fonte: UNESCO, Pesquisa de Professores, 2002.

Notas: Foi perguntado aos professores: *De acordo com o(a) sr.(a), esses comportamentos são admissíveis ou inadmissíveis?*

(1) Dados expandidos.

TABELA A24 – Proporção de professores, por sexo, segundo opinião sobre fragilização ou fortalecimento de determinados valores entre os jovens de hoje[1] – 2002

Valores	Opinião	Sexo		Total
		Masculino	Feminino	
O compromisso social	Fortalecem-se	22,4	20,1	20,5
	Mantêm-se estáveis	18,0	18,9	18,7
	Enfraquecem-se	56,9	57,6	57,4
	Não sabe	2,7	3,5	3,3
A responsabilidade	Fortalecem-se	21,0	20,8	20,9
	Mantêm-se estáveis	17,3	14,4	15,0
	Enfraquecem-se	60,1	62,8	62,3
	Não sabe	1,5	1,9	1,9
O sentido de família	Fortalecem-se	21,8	22,0	21,9
	Mantêm-se estáveis	16,0	14,2	14,6
	Enfraquecem-se	60,0	62,0	61,6
	Não sabe	2,2	1,8	1,9
A seriedade	Fortalecem-se	19,1	18,6	18,7
	Mantêm-se estáveis	20,5	18	18,5
	Enfraquecem-se	57,6	61	60,3
	Não sabe	2,7	2,4	2,4
A espiritualidade	Fortalecem-se	21,6	22,9	22,6
	Mantêm-se estáveis	19,7	21,2	20,9
	Enfraquecem-se	53,6	51,8	52,1
	Não sabe	5,0	4,1	4,3
A honestidade	Fortalecem-se	21,1	21,1	21,1
	Mantêm-se estáveis	24,3	25,1	24,9
	Enfraquecem-se	51,6	50,2	50,4
	Não sabe	3,1	3,6	3,5
O amor à liberdade	Fortalecem-se	48,5	53,2	52,3
	Mantêm-se estáveis	28,2	26,9	27,1
	Enfraquecem-se	20,4	17,0	17,6
	Não sabe	2,9	3,0	3,0
A identidade nacional	Fortalecem-se	20,9	22,1	21,9
	Mantêm-se estáveis	26,5	33,5	32,2
	Enfraquecem-se	49,2	40,1	41,8
	Não sabe	3,4	4,3	4,1

TABELA A24 – (continuação)

Valores	Opinião	Sexo		Total
		Masculino	Feminino	
A generosidade	Fortalecem-se	18,9	20,9	20,5
	Mantêm-se estáveis	33,7	31,3	31,8
	Enfraquecem-se	44,6	44,2	44,3
	Não sabe	2,7	3,6	3,4
O sentido do dever	Fortalecem-se	18,1	18,5	18,4
	Mantêm-se estáveis	20,5	19,4	19,6
	Enfraquecem-se	58,6	59,5	59,3
	Não sabe	2,7	2,6	2,6
O respeito aos mais velhos	Fortalecem-se	17,9	17,8	17,8
	Mantêm-se estáveis	17,2	14,1	14,7
	Enfraquecem-se	62,7	66,0	65,4
	Não sabe	2,2	2,1	2,1
O cuidado com a natureza	Fortalecem-se	37,0	33,1	33,9
	Mantêm-se estáveis	21,8	21,2	21,3
	Enfraquecem-se	39,3	43,1	42,4
	Não sabe	1,9	2,6	2,5
O sentido de justiça	Fortalecem-se	26,4	27,2	27,1
	Mantêm-se estáveis	26,5	23,3	23,9
	Enfraquecem-se	44,1	45,9	45,6
	Não sabe	3,1	3,6	3,5
A tolerância	Fortalecem-se	16,7	16,0	16,1
	Mantêm-se estáveis	21,3	18,7	19,2
	Enfraquecem-se	58,8	62,5	61,8
	Não sabe	3,3	2,9	3,0
Ser esforçado	Fortalecem-se	21,4	21,2	21,2
	Mantêm-se estáveis	24,3	23,4	23,6
	Enfraquecem-se	51,4	52,3	52,1
	Não sabe	3,0	3,1	3,1

Fonte: UNESCO, Pesquisa de Professores, 2002.

Notas: Foi perguntado aos professores: *Qual a sua opinião sobre o fortalecimento ou fragilização/enfraquecimento de alguns valores entre os jovens de hoje?*

(1) Dados expandidos.

REFERÊNCIAS BIBLIOGRÁFICAS

ABRAMO, H. W. Considerações sobre a tematização social da juventude no Brasil. *Revista Brasileira de Educação*. São Paulo: Associação Nacional de Pós-Graduação e Pesquisa em Educação (ANPEd), n.5/6, mai. – ago./ set. – dez., 1997.

ABRAMOVAY, M. et al. *Avaliação do Programa Abrindo Espaços na Bahia*. Brasília: UNESCO, Observatório de Violências nas Escolas, Universidade Católica de Brasília, 2003a.

______ et al. *Escolas inovadoras*: experiências bem-sucedidas em escolas públicas. Brasília: UNESCO, 2003b.

______ et al. *Escolas de paz*. Brasília: UNESCO, Governo do Estado do Rio de Janeiro/Secretaria de Estado da Educação, Universidade do Rio de Janeiro, 2001.

______; CASTRO, M. *Ensino médio*: múltiplas vozes. Brasília: UNESCO, MEC, 2003.

______; ______. Por um novo paradigma do fazer políticas – políticas de/para/com juventudes. *Revista Brasileira de Estudos Populacionais*, Brasília, v. 19, n. 2, jul./dez. 2002.

______; RUA, M. das G. *Violências nas Escolas*. Brasília: UNESCO, Instituto Ayrton Senna, UNAIDS, Banco Mundial, USAID, Fundação Ford, CONSED, UNDIME, 2002.

ALVES, N. A Formação de professores na lei e para além dela. In: SILVA, W. C. (Org.) et al. *Formação dos profissionais da educação*: o novo contexto legal e os labirintos do real. Niterói: EdUFF, 1998.

ANDRÉ, M. (Org). *Formação de professores no Brasil, 1990–1998.* Brasília: MEC/INEP/Comped, 2002. (Série estado do conhecimento; 6).

APPLE, M. Relações de classe e de gênero e modificações no processo de trabalho docente. *Cadernos de Pesquisa*, São Paulo, n. 60, p. 3-14, fev. 1987.

ARROYO, M. G. Ciclos de desenvolvimento humano e formação de educadores. *Educação e Sociedade*, v.20, n. 68, p.143-162, dez. 1999.

ASSIS, R. de. Debate "Ampliar o Espaço da Cidadania, um Desafio para a Escola". Folha Dirigida. Disponível em: <http://www.folhadirigida.com.br/professor2001/cadernos/nova_edu/44.html>. Acesso em: 17 mar. 2004.

BARAJAS, M. *Monitoring and evaluation of research in learning innovations (MERLIN).* [United Kingdom]: The European Commission – Improving Human Research Potential & The Socio-economic Knowledge Base, s.d. (Mimeografado).

BARREIRA, C. et al. *Ligado na galera:* juventude, violência e cidadania na cidade de Fortaleza. Brasília: UNESCO, 1999.

BATISTA, A. A. G. *Os professores de português e a leitura*: um estudo exploratório. Disponível em <http://www.educacaoonline.pro.br/art_os_professores_de_portugues.asp#_ftn1>. Acesso em 13 mar. 2004.

BOURDIEU, P. *Contrafogos.* Rio de Janeiro: Zahar, 1998.

BOURDIEU, P.; PASSERON, J. C. *Les héritiers, les étudiants et la culture.* Paris: Minuit, 1964.

BRASIL. *Constituição da República Federativa do Brasil.* Brasília: Senado Federal, 1988.

_______. Lei n. 9394, de 20 de dezembro de 1996. Estabelece as

Diretrizes e Bases da Educação Nacional. Diário Oficial da União, Brasília, p. 027833, col. 1, 23 dez. 1996.

_______. Rede Nacional de Direitos Humanos. *Carta ao Rio.* Rio de Janeiro, 08 jul. 2001. Disponível em: http://www.rndh.gov.br/cartadorio.pdf. Acesso em: 19 ago. 2003.

CAMARGO, F. *Escola*: espaço de cultura e formação. Disponível em: <http://www.clm.com.br/espaco/info11a2.html>. Acesso em: 07 jan. 2004.

CANDAU, V. M. F. (Org.). *Magistério: construção cotidiana.* Petrópolis: Vozes, 1997.

_______. Educação escolar e cultura(s). *Tecnologia Educacional,* v. 22, n. 125, 1995, p. 23-28, jul./ago. 1995.

_______. Interculturalidade e educação escolar. In: CANDAU, V. M. (Org.). *Reinventar a escola.* Petrópolis: Vozes, 2000. p. 47-60.

CANEN, A. Competência pedagógica e pluralidade cultural: eixo na formação de professores? *Cadernos de Pesquisa,* n. 102, p. 89-107, 1997a.

______. Formação de professores e diversidade cultural. In: CANDAU, V. M. F. (Org.). *Magistério: construção cotidiana.* Petrópolis: Vozes, 1997b.

______. Universos culturais e representações docentes: subsídios para a formação de professores para a diversidade cultural. *Educação e Sociedade,* v.22, n. 77, p. 207-227, dez. 2001.

CARKHUFF, R. R.; BERENSON, D. H.; PIERCE, R. M. *The skills of teaching:* interpersonal skills. Amherst, MS: Human Resource Development Press, 1977.

CARNEIRO, V. L. Q. Integração da TV na prática, na formação do professor: desejos, propostas, desconfianças, aprendizados. In: GT DE "EDUCAÇÃO

E COMUNICAÇÃO" DA 26ª REUNIÃO ANUAL DA ASSOCIAÇÃO NACIONAL DE PÓS-GRADUAÇÃO E PESQUISA EM EDUCAÇÃO (ANPEd), 2003. Disponível em: <http://www.anped.org.br/26/outrostextos/tegt16.doc>. Acesso em: 20 mar. 2004.

CARVALHO, J. M.; SIMÕES, R. H. S. Identidade e profissionalização docente: um retrato delineado a partir dos periódicos nacionais. In: ANDRÉ, M. (Org). *Formação de professores no Brasil, 1990–1998*. Brasília: MEC/INEP/Comped, 2002 (Série estado do conhecimento; 6).

CARVALHO, M. P. de. Trabalho docente e relações de gênero. *Revista Brasileira de Educação*. São Paulo: ANPEd, n. 2, mai./ago., 1996.

CASTELLS, M. *A sociedade em rede*. São Paulo: Paz e Terra, 1999.

CAVALIÉRI, A. *A escola de educação integral*: em direção a uma educação escolar multidimensional. Rio de Janeiro, 1996. Tese (Doutorado em Educação) – Universidade Federal do Rio de Janeiro – UFRJ.

CITELLI, A. *Comunicação e educação*: a linguagem em movimento. São Paulo: Editora SENAC, 1999.

COELHO, L. M. C. C. Escola pública de horário integral e qualidade de ensino. *Ensaio*, v. 11, n. 4, p. 121-128, 1996.

CONFEDERAÇÃO NACIONAL DOS TRABALHADORES EM EDUCAÇÃO. *Retrato da Escola 3*: A realidade sem retoques da educação no Brasil. Disponível em: <http://www.cnte.org.br>. Acesso em: 07 jul. 2003.

CONTRERAS, J. Autonomía por decreto? Paradojas en la redefinición del trabajo del profesorado. In: BARBOSA, M. (Coord.). *Olhares sobre educação, autonomia e cidadania*. Braga: Centro de estudos em Educação e Psicologia da Universidade do Minho (IEP - CEEP), 1999.

COSTA, M. *O rendimento escolar no Brasil e a experiência de outros países*. São Paulo: Edições Loyola, 1990.

CUNHA, L. A. A nova reforma do ensino superior: a lógica reconstruída. *Cadernos de Pesquisa*, São Paulo, n. 101, jul. 1997.

CURY, C. R. J. A educação como desafio na ordem jurídica. In: LOPES, E. M. T.; FARIA FILHO, L. M.; VEIGA, C. G. (Orgs.). *500 anos de educação no Brasil.* 2.ed. Belo Horizonte: Autêntica, 2000.

DELORS, J. (Org.). *Educação*: um tesouro a descobrir. São Paulo: Cortez. Brasília: UNESCO, 1998.

EGGLESTON, J. Educating teachers to combat inequality. In: VERMA, G. K. (Org.). *Inequality and teacher education*: an international perspective. London: The Falmer Press, 1993, p. 6-14.

ENGUITA, M. A ambigüidade da docência: entre a profissionalização e a proletarização. *Teoria e Educação*, Porto Alegre, n. 4, 1991.

ESTEVE, J. M. Mudanças sociais e função docente. In: NÓVOA, A. (Org.). *Profissão professor.* 2.ed. Porto: Porto Editora, 1995. (Coleção ciências da educação).

FARAH NETO, M. *Escola, juventude e política social*: estudando os processos de participação dos jovens e da comunidade no Programa Escolas de Paz no Estado do Rio de Janeiro. Rio de Janeiro, 2002. Dissertação (Mestrado em Educação) – Pontifícia Universidade Católica do Rio de Janeiro – PUC-RJ.

FILMUS, D. *Estado, sociedad y educación en la Argentina de fin de siglo*: proceso y desafíos. Buenos Aires: Troquel, 1996.

FREIRE, P. *Professora sim, tia não*: cartas a quem ousa ensinar. São Paulo: Olho D'água, 1993.

FREITAS, H. C. L. de. Formação de professores no Brasil: 10 anos de embate entre projetos de formação. *Educação e Sociedade*, Campinas, v. 23, n. 80, p. 136-67, set. 2002.

GATTI, B. A. Formação continuada de professores: a questão psicossocial. *Cadernos de Pesquisa,* São Paulo, n.119, p.191-204, 2003.

GATTI, B. Os professores e sua identidade: o desenvolvimento da heterogeneidade. *Cadernos de Pesquisa,* São Paulo, n. 98, p. 85-90, ago. 1996.

GIROUX, H. *Os professores como intelectuais*: rumo a uma pedagogia crítica da aprendizagem. Porto Alegre: Artes Médicas, 1997.

GUIMARÃES, A. S. Classes sociais. In: MICELI, S. (Org). O que ler na ciência social brasileira, 1970 – 1995. *Sociologia.* São Paulo: Sumaré, v. 2, 1999.

HENRIQUES, R. *Desigualdade.* Disponível em: <http://www.desigualdade.inf.br/textos/ricardoh.htm>. Acesso em 04 mar. 2004.

HUBERMAN, M. O ciclo de vida profissional dos professores. In: NÓVOA, A. (Org.). *Vidas de professores.* Porto: Porto Editora, 1992. (Coleção ciências da educação).

INSTITUTO DE BRASILEIRO DE GEOGRAFIA E ESTATÍSTICA. *Censo demográfico, 2000*: características da população e dos domicílios. Rio de Janeiro: IBGE, 2001.

_______. *Perfil dos Municípios Brasileiros – Gestão Pública 1999.* Disponível em: http://www.ibge.gov.br/home/estatistica/economia/perfilmunic/2001/default.shtm. Acesso em: 20 de jan. 2004.

IRELAND, T. Escolarização de trabalhadores: aprendendo as ferramentas básicas para a luta cotidiana. In: OLIVEIRA, I. B.; PAIVA, J. (Orgs.). *Educação de jovens e adultos.* Rio de Janeiro: DP&A, 2004 (Coleção o sentido da escola).

KRAMER, S. et al. *Relatório de Pesquisa*: formação de profissionais da educação infantil no Estado do Rio de Janeiro. Rio de Janeiro: Ravil, 2001.

KUENZER, A. Z. As políticas de formação: a constituição da identidade do professor sobrante. *Educação e Sociedade*, dez. 1999, vol.20, n. 68, p.163-183.

LAPO, F. R.; BUENO, B. O. O abandono do magistério: vínculos e rupturas com trabalho docente. *Psicologia USP*, v.13, n. 2, p. 243-276, 2002.

LIBÂNEO, J. C. *Adeus professor, adeus professora?* Novas exigências profissionais e profissão docente. 7.ed. São Paulo: Cortez, 2003. (Coleção questões da nossa época; 67).

______. *Produção de saberes na escola*: suspeitas e apostas. Disponível em: <http://www.educacaoonline.pro.br/art_producao_de_saberes.asp.>. Acesso em 20 mar. 2004.

LOPES, A. C. Os parâmetros curriculares nacionais para o ensino médio e a submissão ao mundo produtivo: o caso do conceito de contextualização. *Educação e Sociedade*, v.23, n. 80, p.386-400, set. 2002.

LOURO, G. L. *Gênero, sexualidade e educação*: uma perspectiva pós-estruturalista. Petrópolis: Vozes; CNTE, 1997.

LÜDKE, M. O professor, seu saber e sua pesquisa. *Educação e Sociedade*, v.22, n. 74, p.77-96, 2001.

LÜDKE, M.; MEDIANO, Z. *Avaliação na escola de 1º grau*: uma análise sociológica. Campinas: Papirus, 1992.

MEC - Ministério da Educação. *Censo Escolar*. Brasília: MEC/INEP, 2002.

MEC/INEP. *Censo do professor, 1997*: perfil dos docentes de educação básica. Brasília: INEP, 1999.

_______. *Estatísticas dos professores no Brasil*. Brasília: INEP, 2003.

_______. *Sinopse estatística da educação básica, 2002*. Disponível em:

<http://www.inep.gov.br/basica/censo/Escolar/Sinopse/sinopse_2002.htm>. Acesso em: 17 mar. 2004.

MELLO, G. N. de. Formação inicial de professores para a educação básica: uma (re)visão radical. *Cadernos Posgrad.* Santos, n. 1, p. 03-22, 2000.

MORIN, E. *Os sete saberes necessários à educação do futuro.* São Paulo: Cortez. Brasília: UNESCO, 2000.

NOGUEIRA, M. A.; CATANI, A. (Orgs.). *A miséria do mundo.* Petrópolis: Vozes, 1998.

NOVAES, R. Juventude, conflito e solidariedade. *Comunicações do ISER,* a. 17, n. 50, 1998.

NÓVOA, A. (Org.). *Profissão professor.* 2.ed. Porto: Porto Editora, 1995. (Coleção ciências da educação).

______. Os professores na virada do milênio: do excesso dos discursos à pobreza das práticas. *Educação e Pesquisa,* São Paulo, v. 25, n. 1, p. 11-20, jan./jun. 1999.

______. Para o estudo sócio-histórico da gênese e desenvolvimento da profissão docente. *Teoria e Educação,* Porto Alegre, n. 4, p.109-139, 1991.

______. Professor se forma na escola. *Escola online.* Entrevista a Paola Gentili. Disponível em: <http://novaescola.abril.com.br>. Acesso em: 07 jan. 2004.

OLIVEIRA, J.B.A; SCHWARTZMAN, S. *A escola vista por dentro.* Belo Horizonte: Alfa Educativa, 2002.

PAIVA, J. Educação de jovens e adultos: questões atuais em cenários de mudança. In: OLIVEIRA, I. B.; PAIVA, J. (Orgs.). Educação de jovens e adultos. Rio de Janeiro: DP&A, 2004 (Coleção o sentido da escola).

PASTORE, J.; SILVA, N. do V. *Mobilidade social no Brasil.* São Paulo: Makron, 2000.

PERRENOUD, P. Formar professores em contextos sociais em mudança: prática reflexiva e participação crítica. *Revista Brasileira de Educação*, São Paulo: Associação Nacional de Pós-Graduação e Pesquisa em Educação (ANPEd), n.12, set./dez., 1999.

PUCCI, B.; OLIVEIRA, N. R.; SQUISSARDI, V. O processo de proletarização dos trabalhadores em educação. *Teoria e Educação*, Porto Alegre, n. 4, 1991.

REZENDE, H. Pais + escola + bom aluno. *Correio Braziliense*, Brasília, p. 24., 4 abr. 2001.

RIBEIRO, L. C.; LAGO, L. C. do. A oposição favela-bairro no espaço social do Rio de Janeiro. *São Paulo em perspectiva,* vol. 15, no.1, p.144-154, jan. 2001.

RICCI, R. O perfil do educador para o século XXI: de boi de coice a boi de cambão. *Educação e Sociedade*, Campinas, v. 20, n. 66, p.143-178, abr. 1999.

RODRIGUES, L. M. Partidos, ideologia e composição social. *Revista Brasileira de Ciências Sociais*, v. 17, n. 48, p.31-47, fev. 2002.

RODRIGUES, N. Educação: da formação humana à construção do sujeito ético. *Educação e Sociedade*, Campinas, v. 22, n. 76, p. 232-257, out. 2001.

SACRISTÁN, J. G. Currículo e diversidade cultural. In: SILVA, T. T. da; MOREIRA, A. F. (Orgs). *Territórios contestados*: o currículo e os novos mapas políticos e culturais. Petrópolis: Vozes, 1995.

SANT'ANNA, W. Desigualdades étnico/raciais e de gênero no Brasil: as revelações possíveis do IDH e do IDG. *Jornal da Rede Saúde*, n. 23, 2001.

SANTOS JÚNIOR, E. da R.; MENEZES FILHO, N.; FERREIRA, P. C. Migração, seleção e diferenças regionais de renda no Brasil (27/08/2003). Fundação Getúlio Vargas/Escola de Pós-Graduação em Economia. Disponível em: <http://epge.fgv.br/portal/pesquisa/producao/4117.html>. Acesso em: 17 jan. 2004.

SANTOS, L. L. de C. P. Políticas públicas para o ensino fundamental: parâmetros curriculares nacionais e sistema nacional de avaliação (SAEB). *Educação e Sociedade*, v.23, n. 80, p.346-367, set. 2002.

SILVA, W. C. (Org.) et al. *Formação dos profissionais da educação*: o novo contexto legal e os labirintos do real. Niterói: EdUFF, 1998.

SINISCALCO, M. T. *Perfil estatístico da profissão docente.* São Paulo: Moderna, UNESCO, 2003.

TANGRI, S.; MOLES, O. Parents and the community. In: RICHARDSON-KOEHLER, V. (Ed.). *Educators' handbook*: a research perspective. New York: Longman, 1987.

TARDIF, M.; RAYMOND, D. Saberes, tempo e aprendizagem do trabalho no magistério. *Educação e Sociedade*, Campinas, v. 21, n. 73, p. 209-244, dez. 2000.

WAISELFISZ, J. J. Relatório de Desenvolvimento Juvenil – 2003. Brasília: UNESCO, 2004.

WEBER, S. Como e onde formar professores: espaços em confronto. *Educação e Sociedade*, Campinas, v. 21, n. 70, p.129 – 156, abr. 2000.

YANNOULAS, S. C. Educar: una profesión de mujeres? La feminización del normalismo y la docencia en Brasil y Argentina (1870-1939). *Revista Brasileira de Estudos Pedagógicos.* Brasília, v. 74, n. 178, set./dez. 1993.

ZEICHNER, K. M. *A formação reflexiva de professores*: idéias e práticas. Lisboa: Educa, 1993.